JN353408

프로방스의
태양이
필요해

프로방스의 태양이 필요해

장금식 수필집

나무향

책머리에

구름의 말 바람의 말

어제와 오늘 그리고 내일이라는,
시간의 경계를 넘나들며 생각을 모았습니다.

어제,
산봉우리에 걸려 있는 외로운 삿갓구름이었습니다.
삶의 골짜기를 휘감으며 생의 비탈을 통과하는
바람이었습니다.
구름과 바람은 문학의 토양이었습니다.

오늘,
태양은 느릿느릿 몸을 흔듭니다.
비를 잔뜩 머금은 매지구름이 햇볕을 가리기도 합니다.
어제의 기억을 품고 시간의 다리를 건넙니다.
조용조용 물비늘을 쏟아냅니다.
생을 되새김질하며
수직과 수평의 삶을 직조합니다.

내일,
나는 볼 것입니다.
산기슭 너럭바위에 앉아 형형색색 아롱진 꽃구름을.
잔잔한 바람이 손을 흔듭니다.
실바람 바람결에 삶의 문양을 새기겠습니다.
저 멀리 하늘 한곳에 점묘화를 그릴 때까지
문학을 노래하겠습니다.

나는,
구름의 말과 바람의 말을 전하렵니다.
매일매일 길 떠나는 이방인이 되려합니다.

2017년 여름
장 금 식

차 례

제2부

솔밭을 걷다

제3부

나에게 기대봐

제4부

꽃 그림자

소원을 가진다는 건 살아 있음이요, 희망이 있다는 말이다. 소원은 나약한 인간의 몸짓과 소박한 심성에서 오는, 낮은 자의 부드러운 외침이다. 성취에 상관없이 그 행위 자체가 행복을 준다.

제 1 부

프로방스의 태양이 필요해

다양한 형태로 피워내던 물꽃은 도시의 어둠을 걷어낸다. 도시와 한 공간에 머물던 사람은 물꽃이 된다. 분수는 자연을 향한 갈망이요, 풍요의 상징이다. 자유를 향한 분출이요, 만상에 생기를 주는 존재다. 나도 물꽃을 피울 수 있는 존재가 될 수 있을까.

무하유지향으로

하늘은 운무로 덮여 있다. 오색 천등이 하늘여행을 떠난다. 안개 속에 뜬 달과 같다. 지상에서 바라보는 저 여행자들, 오체투지 대신 오체투공을 한다. 알록달록 형형색색, 보호색이나 경계색도, 인위적인 그 어떤 색도 필요 없는 천등들! 무하유지향無何有之鄕으로 떠난다.

대만 스펀[十分]에서 천등 날리기. 핑시선 시골 기차를 타고 내린 스펀은 작은 마을이다. 온통 산으로 둘러싸인 이곳은 예로부터 도적떼의 습격을 자주 받았다고 한다. 그때마다 노인들과 아이들은 산으로 피신을 했고 마을에 남은 가족들이 안부를 적어 등불에 띄워 보낸 게 천등의 유래라고 한다. 정월 대보름뿐만 아니라 평소에도 천등 날리기는 인기 있는 문화 축제로 전 세계인들을 이 마을로 부르고 있다. 하필 내가 도착한

날, 안개비가 부슬부슬 내린다. 흐린 날의 몽환에 젖으며 나도 천등 하나를 띄운다.

천등이 될 커다란 비닐을 파는 가게가 좁은 기찻길 옆으로 죽 늘어서 있다. 유달리 친절한 상인의 호객에 그만 발이 붙들린다. 납작 엎드린 붉은 사각 비닐을 일으켜 세운다. 일자형 행거에 빨래집게로 고정한다. 앞뒤, 좌우, 바스락대던 네 면이 소리를 멈추고 붓에 제 몸을 맡긴다. 사각의 얼굴이 내가 쓸 글귀를 기다리며 '당신은 행복한가요?' '무엇을 갖고 싶으세요?' '소원을 말해 보세요.'라고 말하는 것 같다. 볼륨이 들어가니 살짝 곡선으로 몸을 바꾼다. 붓을 든 나는 부풀어 오른 네 면에 비뚤배뚤 서툰 글자로 마음속 말을 버무려 소원을 써 내려간다.

한 면 한 면마다 자작자작 글자가 늘어난다. 장독대 앞에서 정화수를 떠놓고 비는 어머니의 마음만큼이나 간절하다. 먹을 찍어 한 글자 한 글자를 정성들여 적다보니 네 면이 가득 찬다. 붓을 놓고 먹물이 흐르는 글씨를 말린다.

붉은 비닐이 점점 탱탱하게 부풀기 시작한다. 글자는 한 폭의 그림이 된다. 욕망이 아닌 소원을 담은 그림이다. 가족의 안위와 건강을 기원하는 소망이 한 편의 시가 된다. 이 천등은 곧 윤무輪舞를 시작할 것이다.

내 옆의 여행객들도 천등 준비를 한다. 사람마다 소원이 저렇게도 많다니! 민둥산처럼 허허로운 삶을 수목이 꽉 찬 푸른 산으로 채우고 싶은가 보다. 희로애락, 생로병사에 갇혀 있던 단어들을 훌훌 털어내고 저마다 발원發願을 띄워 보낸다. 그들의 천등도 나의 천등도 소원의 무게로 무겁겠지만 행복한 모습으로 활짝 웃는다.

천등에 불이 붙는다. 웅비하는 그 기세가 아름답고 장엄하다. 완성된 천등은 예행연습을 하듯 위 아래로 한 번 주춤거린다. 부드러운 바람소리를 내며 잠시 펄럭거리더니 사뿐히 날아간다. 그 바람소리는 사바에서 읊조리는 인간 삶의 우여곡절이고, 소원을 약속하겠다는 의지이며 묵언의 위안이리라.

깜깜한 밤하늘이었다면 저 등이 별꽃처럼 보였을지도 모른다. 아마도 빛과 어둠이 한 몸으로 부비며 일상에 얽힌 소망매듭을 줄줄이 풀어내리라. 가슴에 묻어두고 삭히면서 피운 꽃으로 어우러진 그 아름다움이 하늘을 더 빛낼 것이다.

타는 불꽃이 영원하면 좋으리. 언젠가는 하늘에서 제 몸 태워 한 점 재가 되리라. 인간을 위한 자기희생의 불꽃이었다가 소신공양하는 수행자의 몸짓이 되고 말리라.

목적지도, 시간의 제약도 없이 자유인이 된 천등, 제 몸 가득 인간의 사연을 싣고 춤을 추며 어느덧 내 시야에서 멀어진다. 저 멀리 하늘 한 곳에 점묘화를 그릴 때까지 내 눈과 마음도 따라간다. 날것이든 무르익은 것이든, 소망은 풍등이 되고, 풍등은 천등이 되었다.

소원을 가진다는 건 살아 있음이요, 희망이 있다는 말이다. 소원은 나약한 인간의 몸짓과 소박한 심성에서 오는, 낮은 자의 부드러운 외침이다. 성취에 상관없이 그 행위 자체가 행복을 준다.

천등을 날리면서 나는 소원의 글귀가 되었다가 불꽃이 되었다. 천등이 되었다가 바람이 되었다. 다시 새로운 길을 찾는 바람이 되어 스펀을 떠났다. 언젠가는 무향, 무취, 무원인 곳으로 떠나는 게 나와 너의, 그리고 우리 모두의 소박한 삶이 아닐까. 그곳이 바로 인간의 본향, 무하유지향이 아닐는지!

프로방스의 태양이 필요해

지중해의 하늘은 높고 푸르다. 탁 트인 들판은 연초록으로 물들어 있다. "프로방스의 태양이 필요해." 파리 생활에 지친 세잔의 말이다. 내가 서 있는 이곳 지중해의 태양과 성 빅트와르 산을 비추고 있을 세잔의 태양은 뭐가 다를까. 하늘에는 태양, 땅에는 물. 풍요의 도시, 엑상프로방스(Aix-en-Provence)! 엑스, 프로방스, 엑상프로방스. 단어를 요리조리 뗐다 붙였다 해봐도 발음이 매끄럽고 도시명 안에 그저 낭만이 절로 흐르는 것 같다. 나는 지금 그곳으로 가려 한다. 니스에서 줄곧 달리던 자동차는 고속도로를 빠져나와 엑스로 들어선다. '분수의 도시', '세잔의 마을'이다.

#1. 분수의 도시

쇼핑몰 지하에 자동차를 주차하고 올라오니 드골 광장이다. 도시의 한복판에 있는 커다란 분수와 프로방스의 태양과 나는 서로 눈 맞춤을 한다. 교차로 역할을 하는 로통드 분수다. 3층짜리 분수 꼭대기에는 신화에 나올법한 인물 조각상 셋이 햇빛에 반짝인다. 나는 태양의 열기와 함께 분수가 내뿜는 부드러운 물줄기에 목마름을 잊는다.

위로 솟구치던 은빛 물보라가 활처럼 곡선을 그리다가 순식간에 아래로 흩어져 내린다. 오를 때의 기세란 누구도 저항할 수 없다. 내려올 때의 찰나는 또 어떤가. 가히 신의 작품이다. 지난한 삶을 씻어주는 씻김굿 같은 물 춤이다. 더덩실 춤을 추다가 몸을 한껏 내려놓는 상승과 하강, 생의 원리가 그러할까.

로통드 분수에서 정면으로 보이는 길은 미라보 거리다. 아무리 덤덤한 중년 부부라도 이 시간을 붙들어두고 싶을 만하다. 남편의 코트 깃을 세워주며 살며시 팔짱을 끼어본다. 정지된 화면이 되고 싶다. 넓은 보도와 양쪽에 늘어선 플라타너스 나무들이 한눈에 들어온다.

또 다른 분수 하나, 분수의 도시답다. 산 위에서 굴러 내려온 듯한 바윗덩어리가 온통 초록 이끼로 덮여 있다. 무생명과 생명의 조화다. 건조한 세상을 적시듯 생명이 꿈틀거린다. 곁을 지나가는 사람들, 수백 년 넘도록 길을 지키고 있는 가로수들, 주변의 카페와 쇼핑몰들도 이 초록 바위 분수를 바라본다. 물소리도 들리는 듯하다. 대지와 분수가 하나 되는 소리, 멸중생, 건중습으로 이어지는 소리를 듣는다.

카페에 들어가 바게트 샌드위치와 커피 한 잔을 시킨다. 행과 불행, 새로움과 익숙함, 부지런함과 나태함, 침묵과 발화로 양분된 경계가 무색하다. 그냥 눌러 앉고 싶다.

다시 걷는다. 골목마다 중세풍의 건물이 남아 있다. 석조 건물은 누르스름한 세월의 색으로 채색되었다. 치즈 가게에서 나오는 냄새와 고풍의 향취가 오묘하게 섞여 거리에 흐른다. 숙성된 냄새 같아 나쁘지 않다. 연방 숨을 들이쉬며 성 소뵈르[구원자]성당까지 걷는다. 로마네스크와 고딕양식의 절묘한 아름다움으로 유명한 이 성당 옆에도 분수가 있다. 성당의 높이보다 더 높게 만든 탑 모양으로 장식되어 있다. 꼭대기에는 평화를 상징하듯 비둘기처럼 보이는 새 조각상도 있다. 네 개의 모서리에서 뿜어 나오는 물줄기는 정화된 삶의 깊이를 가늠하듯 가늘고 맑다. 방황하던, 지쳐 있던, 괴로워하던, 낯선 얼굴들도 이곳 분수에서는 일제히 몸을 낮추고 세례를 받는 듯하다. 지친 육신과 함께 나약해진 정신을 일으켜 세운다.

작든 크든 광장이 있는 곳엔 어김없이 분수가 있다. 같은 모

양은 찾아볼 수 없다. 하나하나 특별나고 개성이 있다. 지루함과 권태감은 느낄 수 없다. 골목은 열려 있다. 1월의 햇빛은 구석구석을 비추고 낯선 이방인의 눈은 계속 도시의 숨은 숨결을 찾는다. 활력과 젊음, 싱그러움을 경험할 수 있는 그로테스크한 조각상이 특징인 작은 분수를 또 만났다. 건물 벽 하단에 있다. 남녀의 얼굴 조각상 입에서 쉼 없이 물을 내뿜고 있다. 너무 귀여워 그 앞에서 유쾌하게 웃으며 사진을 남겼다.

이번엔 커다란 촛대 모양, 그냥 네모난 형태, 다각형, 3단 케이크 모양 등 분수 순례를 하다보면 시간 가는 줄 모르고 시간의 개념조차 사라진다. 하지만 마냥 돌고 돌며 이곳에만 머물 수 없는 게 또한 시공간의 한계다.

다양한 형태로 피워내던 물꽃은 도시의 어둠을 걷어낸다. 도시와 한 공간에 머물던 사람은 물꽃이 된다. 분수는 자연을 향한 갈망이요, 풍요의 상징이다. 자유를 향한 분출이요, 만상에 생기를 주는 존재다. 나도 물꽃을 피울 수 있는 존재가 될 수 있을까.

잠시 질문들을 던져본다. 물은 어디서 왔으며 왜 지상에서 순례를 하나? 지상으로 나들이하려고 왔는가? 어디로 돌아가나? 나는 질문만 던져놓고 세잔의 아틀리에를 향한다.

#2. 세잔의 마을

'물의 도시'를 대신할 수 있는 또 다른 이름, '세잔의 마을'이다. 도시 중심에 세잔의 동상이 있고 길을 걷다보면 'C'라는 이니셜을 자주 밟게 된다. 'Cézanne'한 사람이 도시를 살리듯 아틀리에는 물론 세잔 이름을 붙인 카페도 있다. 상업성이 묻어나지만 '두 소년(les deux garçons)'이라는, 세잔이 친구와 자주 드나들었던 옛날 그 카페도 고스란히 남아 있다. 이곳의 랜드마크 역할을 톡톡히 한다.

세잔의 아틀리에를 찾아 언덕 쪽으로 발길을 옮긴다. 가는 날이 장날인가. 문이 닫혔다. 어쩌나! 월요일엔 보통 문을 닫는데 그날만 피하면 되리라는 방심이 문제였다. 자주색 대문이 보인다. 밀고 들어갈 수 없다. 말년까지 그가 그림을 그렸던 곳을 예까지 와서 보지 못하고 가다니.

그래도 이곳에 서 있으니 세잔이 곁에 있는 것 같다. 유달리 사과 그림을 많이 그려서 궁금했는데 실제 그림을 보지 못하고 상상만 한다. 사과를 많이 그린 것은 그의 유별난 관찰력 때문이란다. 사과가 오랫동안 관찰하기에 쉽게 썩지 않아 좋고, 색채의 아름다움, 색채의 큰 변화, 형태의 단순성과 완결성 때문이라고.

그에게 사과는 "먹을 수 있는 사과가 아닌, 보는 사과, 머리로 이해하는 사과"라 하니 진정한 철학을 담아낸 화가가 아닌가. 깊은 사유와 그림에까지 탁월한 능력을 갖췄으니 참 매력적인 사람이다. 반하지 않을 수 없다.

멀리 보이는 저 산이 성 빅트와르 산, 세잔이 말년에 주로 그렸다는 산이다. 우뚝 솟은 바위산이다. 그는 정물화뿐만 아니라 자연에까지 구성미를 확대하여 입체감과 색채감, 그리고 기하학적인 미까지 살렸다고 한다. 하나의 산을 모두 다른 산처럼 다양하게 그려냈으니 놀랍다. 그림을 "색깔과 윤곽, 각 면들의 관계들을 창조해내고 느낌들을 조합하는 예술"로 정의한 세잔이다. 저 산을 바라보며 이전의 사람들로부터 차별화해내기까지 얼마나 많이 외로웠을까. 물감에 고독을 듬뿍 섞어 그려냈겠지.

처음에는 'C'라는 이니셜을 밟으려니 위대한 화가를 밟는다는 생각에 자꾸 머뭇거려졌다. 그러나 "어정쩡한 고독을 싫어했고 완벽한 고독을 즐겼다"고 하니 많이 밟을수록 화가와 하나가 되는 것 같은 느낌이 들었다. 생각하기 나름인가. 아틀리에서 중심가로 내려올 때는 'C'에 발길을 더 많이 옮겼다. 다음에 올 기회가 생기면 꼭 아틀리에에 들러서 그 완벽한 고독의 공간에 내 고독을 조금 녹여볼까 한다.

엑상프로방스로 오기 전, 이방인의 낯선 체험이 있었다. 니

PAUL CEZANNE
1839 · 1906

스에서 빌린 자동차가 자동이 아니라 수동이었다. 나는 운전을 아예 못한다. 남편이 운전대를 잡자 자동차가 뒤로 갔다. 출근시간에는 니스 역 중심가도 우리나라 도시처럼 도로가 주차장이 되었다. 우리 뒤로 500m 이상 줄지은 자동차들을 보며 아찔했다. 현지인들이 성급하게 경고음을 울리진 않았지만 프랑스인들 특유의 몸짓, 양손을 올렸다 내렸다 하며 입을 벌려 '오, 랄라! 오, 랄라!' 하는 모습에 미안함과 불안함이 겹쳤다.

허허벌판에 던져진 것 같은 막막함! 세상과 외롭게 마주했던 세잔의 고독이 이런 것이었을까. 이방의 도시 한가운데 서 있던 그 순간이야말로 '프로방스의 태양'이 필요한 순간이었다. 마침 길 가던 이탈리아 여행객에게 도움을 청해 고비를 면했다. 그는 태양이었다. 남편의 수동 작동 미숙함으로 벌벌 떨었던 그 순간 나는 외치고 싶었다. '프로방스의 위로가, 태양이 필요해.'라고.

우리는 세잔에게 작별인사를 하며 다시 길을 떠났다.

[참고 문헌]
*박우찬, 『사과 하나로 세상을 놀라게 해 주겠다』, SJ소울, 2009.

그 노파가 될 수 있을까

묘지 앞에서의 느낌이란? 언젠가 이런 곳에 누워 쓸쓸하게 지낼 고독감과 두려움을 느끼지 않는다면 누가 믿겠는가. 이 곳의 묘지는 분화구처럼 움푹 파인 공간이 흙으로 메워진 곳이 아니다. 멀리 외딴곳에 버려진, 고독의 깊이와 넓이가 어마어마한, 유폐된 섬이 결코 아니다.

중천에 뜬 태양은 느릿느릿 몸을 흔들고 겨울새 몇 마리가 드높은 하늘을 가른다. 나는 지금 파리 14구, 도심 한가운데 있는 몽 파르나스 묘지 앞에 와 있다. 갈팡질팡 갈등하며 뒷걸음질 치던 내 의식, 짙고 어두운 내 마음과는 달리, 밝은 햇빛 한 줄기가 한나절의 기운을 일으켜 세운다.

들어오는 입구까지는 묘지를 만들고 다듬기에 필요한 물품들을 파는 가게가 늘어서 있다. 골목골목 눈에 띄는 카페와 꽃

3
Permis de
construire
ACCES
POMPIERS
SORTIE
DE
VEHICULES

집이 어두운 분위기를 바꾼다. 화사하다.

보들레르를 비롯하여 많은 문인들이 잠들어 있는 이곳, 크고 작은 나무들과 예술작품처럼 예쁘게 조각해놓은 묘지들, 그리고 추운 겨울인데도 산책 나온 사람들의 한가로움은 프랑스 묘지에서 볼 수 있는 색다른 풍경이다.

묘지에 들어서자, 우측 100미터쯤에 장 폴 사르트르와 시몬 드 보부와르가 나란히 누워 있다. 묘 앞에 놓여 있는 작은 화분들. 시클라멘, 바이올렛, 프리뮬러 꽃들이 산 자와 죽은 자들의 만남을 주선하듯 바람에 살랑인다. 묘지와 묘지를 잇는 사이사이, 도시의 스산한 바람이 태양의 빛에 스며들어 차가운 묘지 안 깊은 곳까지 온기로 데우기 충분한 듯하다.

길이 밝기만 하다. 익히 들은 대로 분명 이곳은 슬픔의 장소가 아니다. '죽은 자들의 안식처' '명상에 잠기는 공원' '산 자와 죽은 자가 공유하는 휴식처'로 불리는 곳이다. 묘지를 대하는 프랑스인들의 문화에서 붙여진 이름, 그 이름들이 어느덧 낯설지 않다.

사르트르 묘지에서 한참을 직진하다 좌측으로 돌아 조금 거닐면 『악의 꽃』의 저자, 샤를 보들레르 묘지가 있다. 시인이 인기가 더 많은지 화분과 꽃다발이 훨씬 많이 놓여 있다. 기념할 수 있는 소품들과 애정이 담긴 흔적들이 곳곳에 남아 있다.

아직도 고도를 기다릴 것 같은 사무엘 베케트, '신 여자의 일생'을 쓰고 있지 않을까 싶은 모파상, '대머리 여가수'가 대학로 극장에서도 사랑받고 있음을 아는 듯한 이오네스코 등 글로만 만났던 문학의 거장들도 만났다. 묘지에 있을수록 음산함이 사라진다. 이곳에 있는 그 자체만으로도 파리지엔의 일상에 동화된 느낌이다. 파리에는 몽 파르나스 말고도, 19구에 몽 마르트르, 20구에 페르 라쉐즈 등 크고 아름다운 묘지가 더 있다. 파리 사람들에게 이 묘지들은 생활과 함께 산책하는 공원임에 틀림없다.

마침 돌아 나오는 길에서 그날따라 우연히 운구를 하는 장면을 보게 되었다. 관을 내리고 위치를 맞추고, 잘 맞지 않자 양쪽 끝에서 네 사람이 잡고 있던 끈을 여러 번 들어 올렸다가 내리는 것을 보았다. 우리는 땅을 파서 하관을 하고 흙을 덮지만 이곳은 관이 완전히 안착되자 묘지의 뚜껑을 덮고 기도를 한다. 관이 들어갈 수 있는 대리석으로 만든 작은 집 같았다. 뚜껑은 지붕 역할인 셈이다. 흐느끼는 곡소리가 없다. 아무도 감정에 흔들리지 않고 엄숙했다. 미동 없이 숙연하기만 했다.

알베르 카뮈의 『안과 겉』에 나오는 노파의 행동에 대한 궁금증이 이제야 풀렸다. 죽기 전, 묘지를 사놓고 일요일마다 묘지 안에 들어가 누워보고 또 기도를 드리고 나오는 것이 가능하겠다는 생각이 들었다. 노파는 묘지의 문을 열고 들어갈 때, 주저함 없이 발을 들여 놓았으리라. 들락날락하는 동안 무수히 그려지는 감정들, 그녀에게 죽음이 공포였을까. 오히려 삶에 대한 강한 의지로 죽음을 준비하지 않았을까.

카뮈는 삶과 죽음을 동일선상에 놓고 "이 안과 겉 중에서 나는 어느 한쪽을 선택하고 싶지도 않고 또 남이 선택하는 것을 좋아하지도 않는다."고 말했다. 둘을 분리하지 않고 두려움보다는 철학적 관조로 '죽음'을 바라봐야 한다는 것을 받아들여야 하나 보다. 어찌 보면 우리는 "날마다 무덤을 파는 사람, 그 장면을 바라보는 사람, 그러다가 그 노파처럼 매일 무덤을 들락거려보는 사람"이 되어 자신의 삶을 완성해 나가야 한다는 메시지일지도 모르겠다. 무덤 앞에서 "삶을 절망해보지 않으면" 세상 속에서 "삶을 사랑할 수가 없다"는 것 같은.

영원히 살 것이라는 생각을 하지도 않으면서 죽음에 대해서도 별로 깊이 생각해보지 않은 나로서는 파리에서 묘지기행을 하며 본 하관 장면이 매우 인상적이었다. 그 순간 떠오른 그 노파는 적잖은 충격으로 와 닿았다.

과연 나도 언젠가 그 노파처럼 죽음에 대해 초연해질 수 있을까. 무의식적이나마 죽음이 공포로만 여겨지지 않았을까. 인간은 어쩔 수 없이 필멸의 존재라는 것을 부인하지 않지만 두려움만 앞서 있었을 게다. 많은 철학자들이 '삶=죽음'이라 하는 말을 되새겨볼 필요가 있지 않을까.

하이데거의 『존재와 시간』에서 "모든 사람에게 죽는다는 것은 확실한 일인데도 무의식 중에 있는 나는 죽지 않는다는 신념 때문에 인간은 불행하다."는 말도 죽음을 대비해야 한다는 것과 같은 맥락이다.

몽 파르나스 묘지에 들어갈 때와 돌아 나올 때의 묘지를 향한 내 시선이 다르다. 묘지는 땅속 깊이 잠든 이들에게는 평화

를 누리는 곳이고, 산책하러 오는 이들에게는 평화를 얻는 곳이다. 죽음이 산 자에게서 멀리 있지 않고, 묘지는 두려움이 아니라 위안을 준다는 것을.

봉분으로 된 한국의 묘지는 대개 산속에 있어서 가족으로부터 유폐된 느낌이 없지 않았다. 그러나 이곳에 묻힌 영혼들은 가족과 늘 함께 호흡하는 듯했다. 문득, 죽는다는 것이 슬프지 않을 수도 있다는 생각이 들었다.

인간은 언젠가 죽는다. 그렇다면 삶과 죽음을 놀이로 받아들일 수는 없을까. 일정한 순간 열정적으로 살다가, 좀 쉬고 싶다는 생각이 들면 잠시 죽었다가, 영원한 안식이 무료하면 또 다시 지상의 삶으로 돌아와 사는, 주기적으로 살았다 죽었다를 반복하는 그러한 삶과 죽음은 불가능한가. 스스로 묘지의 문을 열고 들어갔다가 나오는 것을 상상해보았다. 아름다운 묘지, 몽 파르나스에서.

[참고 문헌]
*박태호, 『세계 묘지 문화 기행』, 서해문집, 2005.
*구인회, 『죽음에 관한 철학적 고찰』, 한길사, 2015.

노트르담의 종소리

겨울인데도 바람이 온아하다. 이곳이 낯설지 않다. 27년 만에 다시 찾은 도시, 파리는 옛 모습을 간직하고 있다. 내 오감은 잠시 주춤거리다 저 멀리 아득한 기억에 다리를 놓는다. 바람결에 훌쩍 떠나왔던 그때, 그 중심에 대성당이 있었다. 귓가엔 은은한 종소리가 울려 퍼지는 것 같다. 이번에도 파리에 오자마자 제일 먼저 찾고 싶은 곳은 노트르담이었다.

생 미셸 노트르담 역에서 내렸다. 번화한 세상의 한가운데서 이처럼 고답적이고 현실적인 사원이 또 있을까. 세상사 초연한 듯 기도만을 위한 성소로 차지할 것 같지만 속세의 인간 고통을 어머니처럼 품어주는 성당이다. 전 세계 관광객이 하루도 거르지 않고 드나드는 분주한 곳, 노트르담 성당이다. 거의 200년 가까이에 걸쳐 완공되었다는 이 성당이 나에게는 특별

나다. 이십 대 후반 이곳에서 살던 시절, 마음이 흔들리고 외로움에 지칠 때 위로받았던 곳, 포근하게 나를 감싸주었던 곳이다. 내 머릿속에 내장된 기억을 확인하는 순간, 센 강도 조용조용 물비늘을 쏟아낸다.

구도자처럼 눈을 감고 두 손을 모은다. 빅토르 위고의 〈노트르담의 꼽추〉가 떠오른다. 아름다운 부조물로 장식된 세 개의 아치형 문! 정교한 듯 화려한 그 문양에 내 눈은 그만 그곳에 갇히고 만다. 콰지모도를 둘러싼 소설 속 주인공들의 얽혀 있는 욕망 또한 문 뒤에 숨어 있는 듯하다. 기도하는 성지가 되면서도 욕망하는 인간의 본성을 꿰뚫어 보인 역사적, 문학적 성지임에 틀림없다.

성당 종지기 신분이면서 집시 에스메랄다에게 연민을 느끼는 꼽추, 콰지모도. 집시에게 탐욕을 품고 직위를 악용하여 애증의 갑질을 휘두르는 부주교. 영혼이 맑은 집시를 연모하는 근위대장. 한 여자를 두고 세 남자의 애욕을 그린 비극이다.

성당 꼭대기에 갇혀 지낸 종지기는 얼마나 답답하였을까. 그가 그토록 아래 세상을 보고 싶어 했던 곳이 바로 내가 서 있는 이곳이다. 천국과 지옥, 냉탕과 온탕이 공존하는 사원, 성당 안쪽은 수없이 가보았지만 꼭대기에 있는 종탑이 무척 궁금했다. 두 개의 커다란 종 앞에 섰다.

콰지모도를 신체적 장애인이지만 '맑은 영혼의 소유자'라고 한다면, 부주교는 탐욕으로 얼룩진 '영적 장애인'이라 할 수 있을 것이다. 종교의 옷을 걸치고 사악한 영혼을 감춘 자, 하얀 성전 위의 검은 괴물, 디스토피아적 악취를 풍기는 신의 사자야말로 악마의 분신이다. 탐욕은 고스란히 행한 자의 몫으로 돌아가기 마련이다. 신과 인간, 자연의 섭리를 거스른 자에 대한 파멸을 경고하듯 콰지모도의 종소리가 휘모리장단으로 들린다. 환청이라도 좋다. 사회의 모순에 도전하고 인간의 천박한 본능을 일깨우는 메시지가 아닐까. 소설과 영화 장면이 순간순간 실제 노트르담과 맞닥뜨려진다.

위에서 내려다보면 시테 섬에 떠 있는 도시가 아름답다. 그 위에 나를 얹어본다. 과거엔 배움에 대한 욕망이 있었고 현재는 여행으로 더 넓은 세상을 보고 싶어 한다. 그리고 미래에는 무엇으로 나를 채울까.

외국어 강사로, 글을 쓰는 작가로 바쁘게 살고 있다. 두 가지 일 중 하나를 버리고 페달을 느슨하게 밟아야지 하면서도 생각에 그칠 뿐이다. 지인들은 강의를 그만두고 글만 쓰라고 한다. 돈에 대한 욕심은 크지 않지만 일에 대한 욕심이 많아 그들의 충고가 귀에 들어오지 않는다. 일을 놓으면 큰일이라도 나는 양 결단을 내리지 못하는 우유부단함을 어찌하면 좋을지. 하나

를 과감히 버리지 못해 흔들리는 갈등이 내 손끝과 사각형 컴퓨터 자판에서 왜바람을 일으킨다. 소설 속 인물, 부주교의 속물적 파렴치함과는 거리가 멀다고 생각하지만 그의 탐욕과 내 작은 욕심이 무엇이 다를까. 최소한의 공집합적 요소가 있는 것 같아 그 작은 것마저 지워달라고 기도한다.

인간 본성의 하나인 욕망의 실체가 무겁다. 몸을 주체하기가 힘들고 내려오는 길이 아찔하다. 털 것은 털고 가벼운 몸짓으로 내려가야 좁은 계단에서 중심을 잡을 것 같다. 잡으면 놓기 싫은 이 욕심을 한 번이라도 돌아보게 하고 일깨우는 것은 내게는 문학이라는 장치이다. 그리고 그 욕망의 늪에 유기된 자들을 구하고 새로운 샘물을 부어주는 것은 종교가 아닌가 한다. 끊임없는 기도가 나를 일깨운다.

번잡한 마음을 씻은 기분이다. 다시 성당 안으로 들어간다. 사각형 제대 바로 뒤쪽에 있는 성모상과 십자가가 유달리 커 보인다. 이 제대 앞으로 프랑스 역사의 지난한 파고가 몰려 왔을 게다. 백년전쟁을 겪고 영국군에게 빼앗겼던 오를레앙을 다시 찾은 이야기부터 잔 다르크의 사형선고까지. 그리고 그녀의 명예 회복을 위해 샤를 7세가 주도한 재판, 나폴레옹 대관식, 드골과 미테랑 대통령의 장례미사 등 수많은 역사가 사원의 벽돌 하나하나에 스며 있는 것 같다.

필립 4세와 교황 보니파키우스 8세와의 갈등으로 인해 삼부회를 소집하였다던 곳도 바로 이곳이 아닌가. 왕권 강화를 위해 성직자, 귀족, 시민들로 구성된 신분제 의회, 권력이란 뺏기고 빼앗는 놀이에 불과한 것 같은데 맛을 보면 놓기가 싫으니 인간이란 유한한 존재로 무한을 꿈꾸는 자가 아닐지. 역사 속에 문학이 있고 문학 속에 역사가 있다. 욕망의 화신과 순수한 영혼이 역사와 소설 속에 공존했더라도 지금 이 성당의 내부는 밝고 환하다.

사방의 벽을 장식한 조각상과 스테인드글라스 장미 창이 화려하다. 씁쓸한 역사와 감추고 싶은 내 자아는 언제 그랬냐는 식으로 금방 잊힌다. 파리의 겨울바람이 이 창들을 흔들어 금방이라도 봄을 불러올 것 같은, 게다가 파이프 오르간마저 섬세한 음색을 낸다면 그냥 툭 건드려도 마음이 흔들릴 것만 같다. 자아와 욕망과 본성이 차츰 성찰과는 멀어지는 듯 여행이라는 즐거움에 빠져든다. 다 떨치고 떠나온, 하늘을 훨훨 나는 홀씨처럼 자유로워진 이 순간, 이렇게 간사한 나를 신은 이해하리라. 하모니를 이룬 천정의 굵은 선들이 나를 부르는 것 같아 높은 그곳까지 날고 또 날고 싶다는 것을.

나는 서울에서, 노트르담은 파리에서, 오늘도 길목을 지키고 있다. 곧 파리를 떠나고 또다시 추억 한 자락을 남길 게다. 꼽추와 같은 소외된 자들에게 위안을 주었던 파리 노트르담이다. 문학과 역사의 경유 없이 오늘의 유서 깊은 사원이 존재할 수 없었을 노트르담은 넓게 그늘을 드리워주는 여유로운 고목 같고 마음씨 좋은 여인으로 와 닿는다. 투명해진 과거의 그림자는 회억하는 공간에서 욕망을 쫓아주었고 이제 나에게는 축제의 장이 된 이 성전에 내가 조합한 언어를 조심스레 바칠 차례다.

어스름한 달빛이 뭍별에 스며든다. 생 미셸 노트르담 지하철역 가로등 불빛이 눈부시다. 성당 안에는 관광객들이 밝힌 염원의 촛불이 여전히 타오르고 있을 게다. 잔잔한 바람이 손을 흔든다. 귓가에 종소리가 들린다.

맹그로브

강과 바다가 만나는 곳. 그곳에 들어서는 순간, 이쪽이 강이고 저쪽이 바다라는 경계가 사라진다. 인간과 자연의 경계마저도 사라지는 것 같은 새로운 세계가 펼쳐진다.

나무뿌리의 모습이 예사롭지 않다. 봉긋하게 웨이브를 넣은 여인의 머릿결처럼 활모양으로 굽은 가닥이 무리지어 있다. 가느다란 뿌리가 여러 개다. 어우러진 나무뿌리는 반쯤 펼쳐진 우산 같다. 빽빽이 우거진 초록 잎과 옹골차게 얽힌 뿌리는 오랜 세월 동안 흐트러짐 없이 응축된 시간의 흔적이다. 말레이 반도, 안다만해, 랑카위 섬 지질공원 안에 있는 맹그로브 숲이다.

도드라진 뿌리는 나의 관심에 잔잔한 파문으로 화답해준다. 스피드보트가 속력을 낮추고 뿌리의 군락으로 다가간다.

나무의 속성에 대해 가이드의 설명을 듣고 나무에게 말을 걸어본다.

'물 아래 진흙땅엔 산소가 부족해서 물 위로 뿌릴 드러낸 거였구나. 하필이면 물 위라니! 뿌리를 내린다 해도 짠 바닷물 때문에 살아가기가 만만치는 않았을 텐데. 네 모습이 당당하고 든든해 보여. 힘들게 얻은 뿌리라 잔뿌리도 잘 벋는다니 놀라워. 열매에서 싹이 터, 그 싹이 파도에 휩쓸리고, 바다에 떠돌다 자리 잡는 그 여정이 얼마나 힘들었을까. 그래도 너의 뿌리는 바다 생명체들이 알을 낳는 보금자리잖아. 네가 내뿜는 숨결은 우리의 숨결까지도 한결 부드럽게 하지.'

흔들리는 물결, 진초록 잎들 위에 걸쳐 있는 햇빛 한 줌, 파란 하늘 아래에서 날아다니는 독수리 떼. 물결 따라, 햇빛 따라, 독수리 날갯짓 따라 내 눈이 홀려든다. 환상의 세계에 빨려드는 것 같다.

뿌리란 원래 나무의 근본이 아닌가. 보이지 않는 곳에 깊게 뿌리를 내릴수록 쉽게 흔들리지 않는 법인데. 여느 나무들의 근성을 닮지 않았다. 숨겨야 할 소중한 뿌리를 드러내기까지 무엇을 받아들이고 무엇을 포기할지를 얼마나 숙고하였을까. 혹시 겉으로 드러난 뿌리가 찢어져 다칠까 봐 노심초사하지나 않았는지. 어두운 땅속보다는 뜨거운 햇살이 내리쬐는 수면 위를 선택하여 무성한 잎을 머리에 이고 수많은 혼란을 겪었으리라.

사람으로 말하자면 뿌리는 한 사람, 한 집안의 근본이 될 수 있다. 맹그로브처럼 자신의 뿌리를 겉으로 드러내고 산다는 건 쉬운 일이 아니다. 속내를 보이면서 솔직하게 행동하는 사람은 밑천을 다 내어 보이는 사람이라고 사람들이 쉽게 대하거나 만만한 사람으로 여기지 않을까. 진솔하게 속 깊은 이야기를 하면 가볍게 보거나 여러 오해를 할 수 있고, 감추는 것이 오히려 상대를 배려하는 미덕이라며 핀잔을 줄 수도 있을 테니 말이다. 하여 사람들은 대개 자신을 솔직하게 나타내기보다는 감추는 것에 더 익숙해지며 맹그로브처럼 살아가기를 거부하는 게 아닐까 싶다.

나를 감출수록 마음이 허함을 잘 알지만 드러내기가 두려워서 자꾸 숨기고 포장하고 싶을 때가 많다. 멀리 외딴곳에다 참된 마음을 두고 솔직함과는 거리가 먼 위선과 망상으로 그동안 맹그로브가 내뿜는 것과 같은 삶의 산소를 꺼려하며 살아오고 있지는 않았는지.

망망대해는 고요와 정적을 휘몰아 실핏줄 같은 뿌리에 혼을 불어 넣는 것 같다. 맹그로브의 숨김없이 솔직한, 민낯을 한, 허물을 벗은 모습이 오히려 바다를 압도하는 듯하다. 부족함이나 부끄러움은 드러낼수록 헛된 거짓을 꾀하지 않아도 되고, 작은 치부라도 들킬 수 있는 내면의 뚫린 구멍을 막을 필요가 없다. 이런 맹그로브를 계속 보고 있으니 뿌리와 맥박을 같이 하고 호흡하는 결에 하나가 되는 느낌이다. 한 아름 껴안아보고 싶기도 하고, 그 위에 덜컥 걸터앉아보고 싶은 마음도 든다.

겉으로 드러낸 뿌리를 지닌 맹그로브처럼 내 진면목을 누구에게나 보여줄 수 있다면, 뿌리가 수없이 곁뿌리를 내리듯이 내 주변에도 여린 뿌리같이 착하고 순수한 사람이 늘 북적거리리라. 물 위의 뿌리가 썩지 않듯이 사람과의 관계도 자연스럽게 잘 유지되리라.

나무가 아닌 뿌리가, 감춰진 것이 아닌 드러난 것이 매력 포인트인 맹그로브 숲, 계절과 상관없이 사람들은 이 숲으로 많이 몰려든다. 그들의 가슴 한 구석에도 맹그로브처럼 솔직해지고 싶은 마음으로 회귀하려는 본능이 자리하고 있을까. 나처럼 에메랄드 물빛으로 포장을 하며 사는 사람들, 진솔함에 허기진 사람들의 역설이리라.

맹그로브 숲에서 나도 모르게 내 깊숙한 심연을 들여다봤다. 화장기 없는 얼굴로 나서고 싶었다. 민낯을 보이고 살 수만 있다면 찜찜하거나 갑갑하지 않겠지. 파란 하늘과 에메랄드 물빛 사이의 수직 공간, 바다와 강 사이의 수평 공간에서 맹그로브가 더욱 선명하게 와 닿는다. 두 팔을 뻗으며 길게 숨을 내뿜고 숲의 숨결을 가슴으로 들여온다. 맹그로브가 촘촘히 어우러진 경계 없는 이 숲을 내 가슴 가득히 안아본다.

사쿤탈라에서 니오비드까지

어두운 밤도 마다하지 않고 그녀는 흙을 찾아 나선다. 조각을 향한 끈끈한 야망이 흐른다. 밤의 절벽 앞에서 번뜩이는 천재성이 욕망을 부채질한다. 그 욕망을 뒤로 하고 사랑을 갈구하며 질퍽한 절망과 마주한다. 야망, 욕망, 절망, 3망望의 삶! 〈사쿤탈라〉〈베르툼누스와 포모나〉〈중년〉〈상처 입은 니오비드〉 이 조각품 안에 그녀가 있다. 프랑스의 천재 조각가, 카미유 클로델!

그녀의 작품을 처음 만난 것은 1990년대 초 파리 로댕박물관에서였다. 주로 로댕 작품이 전시되어 있었고 한쪽에 연인이었던 카미유의 작품이 있었다. 그때의 기억 속에 가장 각인되었던 작품이〈사쿤탈라〉였다. 이번에 간 박물관에서도〈사쿤탈라〉가 제일 먼저 눈에 들어왔다. 로댕과 사랑을 나눈 생의 절정기에 만든 작품이다.

남녀가 벌거벗은 채로 부둥켜안고 있다. 여자가 받침대 위에 앉아 무릎 꿇은 남자와 머리를 비스듬히 맞댄다. 양손으로 여자를 안고 있는 남자의 왼쪽 엉덩이에 근육이 불뚝 불거져 나와 있고 여자의 오른쪽 장딴지와 종아리에는 적잖은 힘이 들어가 있다. 장식 조명등이 살며시 눈을 가리고 알몸을 비춘다. 침

대 위가 아닌 게 오히려 오감을 자극한다. 마주한 다른 조각품들이 오르가즘을 느낄 만큼 생생하다. 흙으로 빚은 한 편의 사랑 시 같다. 사랑의 강렬한 밀도가 차가운 청동에서도 열기를 뿜는다.

궁금증이 몰려온다. 카미유는 왜 〈사쿤탈라〉를 조각했을까? 버려지고 잊혔다가 다시 찾게 되는 사랑의 주인공, 사쿤탈라. 사랑하고 있으나 불안의 끈이 한쪽을 잡아당기고 있었던가. 일시적 사랑이 아닌 영원성을 갈망하며 자신의 상태를 "내면의 조각"으로 표현하고자 한 것은 아니었을까. 사랑이 순탄치만은 않을 것이라는 복선이 깔려 있는 듯 열기 뒤에서 냉기도 느껴진다.

카미유는 스무 살 연상인 로댕의 연인이다. 남성 중심 가부장적 사회에서 그녀를 둘러싼 주변의 시선은 냉혹했다. 여성 예술가에 대한 편견 또한 부추겼으리라. 가족부터 관대하지 않았다. 어머니의 외면과 냉소가 무엇보다 참기 어려웠을 게다. 겉으로는 작품 완성에 혼신을 기울이는 듯하지만 그것은 내면을 치유하기 위한 몸부림이었다. 이때부터 생의 좌표가 통째로 흔들리기 시작한다.

이 무렵에 빚은 작품, 〈베르툼누스와 포모나〉에 힘들고 지친 사랑의 흔적이 흐른다. 대리석으로 제조한 제2의 〈사쿤탈라〉다. 고단한 사랑이라도 영원하면 좋을 텐데 그렇지 못했던 가 보다. 사랑은 아름다움에서 슬픔이 된다. 사랑과 슬픔과 고통은 비장미 안에서 동궤가 된다.

그녀의 사랑은 10년 정도 지속되지만 보는 이의 마음은 텅 빈 들판에 내리는 눈발 같다. 그러한 사랑을 보여주듯 〈중년〉에는 한 남자와 두 여자가 얼크러져 있다. 로댕과 동거녀인 뵈레, 그리고 카미유, 이 세 사람 사이의 삼각관계를 빚은 작품이다.

중앙에 서 있는 남자의 양 어깨 뒤에서 한 여인이 남자의 손을 끌듯이 잡아당긴다. 그리고 다른 여인이 무릎을 꿇고 있다. 남자의 시선은 어깨 뒤의 여인을 바라보고, 남자의 왼손은 무릎 꿇은 여자 쪽으로 뻗어 있다. 무릎 꿇은 여자는 애소하듯 양손을 남자 쪽으로 내민다. 남자의 왼쪽 손을 잡으려 하나 잡히지 않는다. 영혼의 조각을 빚어내던 카미유의 무릎 꿇은 모습에서 자존심은 흔적조차 없다. 불안한 사랑의 포로가 된 여인의 눈은 가려져 있다. 석고상 눈동자에서 칼질하는 소리와 날카로운 신음소리가 들리는 듯하다. 실연당한 사람이 상대를 붙잡고 애원하는 실제 모습을 보는 것 같다. 프랑스 전기 작가이자 소설가인 도미니크 보나의 『위대한 열정』에서, 남동생 폴 클로델이 누이의 운명적 자전적 생애, 〈중년〉에 대해 말한 것을 옮겨 놓았다.

"이 벌거벗은 비극적인 젊은 여인은 바로 내 누이입니다. 오만하고 당당한 그녀가, 무릎을 꿇은 채 애원하는 모습으로! 이제 모든 게 끝입니다! 우리에게 이렇게 영원히 자신을 바라보도록 해놓은 것입니다! 이 속에는 영혼과 천재성, 이성, 아름다움, 삶, 그리고 그녀의 이름 그 자체가 녹아 있습니다."

그 통한에 고개가 저절로 끄덕여진다. 카미유의 삶에서 로댕

은 처음엔 스승이었다가, 동료였다가, 경쟁자였다가, 원수가 된 사람이다. 그 당시 로댕의 손을 거쳐야만 조각품이라 인정받을 수 있었던 사회적 통념이 그녀를 분노케 했다.

그녀의 마지막 작품이 〈상처 입은 니오비드〉다. 〈중년〉 이후, 아틀리에에 자신을 가두어버리고 가장 비참하게 묘사한 작품이다. 오른손으로 오른쪽 젖가슴을 잡은 채, 왼팔은 힘없이 아래로 늘어뜨린다. 머리는 왼쪽 어깨 위에 기대어 있고 머리카락은 산발이다. 사랑하는 자녀를 모두 잃고 화살에 맞아 죽어가는 여인의 이미지가 처절함과 절망으로 가득 차 있다.

그녀의 생명은 흙이었다. 흙은 그녀의 영혼이었다. 그러나 사랑이 머문 자리를 털어버리지 못하고 회오리와 폭풍 속을 돌고 돌았다. 갖가지 비극의 언어로 얽힌 매듭을 영영 풀지 못했다. 한 남자를 사랑한 대가로 시대의 희생양이 되었다. 생의 말년을 보낸 차디찬 정신병원에서 마음의 문을 닫고 조각에 대한 열정과 사랑도 완전히 감금시켰다.

차갑고 딱딱한, 외롭고 쓸쓸한, 외면당하고 버림받은, 어두운 겨울의 삶을 살았다. 광기어린 예술의 혼, 저주받은 사랑으로 하루하루 석고처럼 굳어져 가는 삶을 살았다. 한 남자를 온전히 사랑하다가 버림받은 한 여인을 오늘 다시 만났다.

파리 한가운데서 아름다움을 슬픔으로 조각했을 그녀를 가슴에 안고 박물관을 나와 하늘을 바라보았다.

[참고 문헌]
*박숙영, 『프랑스 인체 조각』, 학연문학사, 2011.

자유의 여신, 마리안

역사는 흐른다. 그 유유한 물결에는 인물들이 부유한다. 그들은 고요 속에 침잠해 있는 듯하지만 나라의 뿌리가 흔들릴 때는 영혼의 상징으로 버팀목이 된다. 쓰러지는 풀잎 하나라도 일으켜 세우려는 의지의 표상이라고나 할까. '자유, 평등, 박애'라는 깃발 아래 프랑스혁명 정신과 공화국의 상징이 된 여신, 마리안! 그녀는 상징적 인물이지만 프랑스혁명 후 국민들의 마음속에 자리 잡은 자유의 여신이다.

4년에 한 번씩 미스코리아를 뽑듯이 새 마리안을 뽑을 정도이니 프랑스인들에게는 매우 큰 정신적 지주가 아닐까. 관공서나 법원 등은 물론 유로화 동전과 우표에서도, 프랑스 여행지에서도, 그녀를 만날 수 있다. 프랑스를 알려면 마리안을 알아야 그들의 문화를 이해할 수 있을 것 같았다. 그래서 짧은 여행

기간 동안이지만 몇몇 마리안을 만나 보았다.

첫 번째 마리안이다. 파리 테러가 있은 지 62일째, 파리 3구, 레퓌블리크 광장을 지키고 있는 여신이다. 총체적 위기를 겪는 파리로선 그 어느 때보다도 위안을 받아야 할 때라고 말하는 것 같다. IS(수니파 이슬람 극단주의)의 잔혹한 테러로 파리가 위축되어 있다. 부슬부슬 내리는 비와 얼음이 섞인 듯한 겨울바람에도 전 세계의 관광객들이 촛불을 밝히고 희생자들에게 애도의 메시지를 남기고 있다. 타오르는 촛불을 내려다보는 여신상 아래서 나도 촛불 하나 밝히고 위를 올려 보았다.

회교와 기독교 문명 간의 갈등이 소리 없이 숨을 죽이고 있다가 노골적으로 형체를 드러내는가. 내부 깊이 보이지 않는 상처의 치유보다 드러난 상처만 두꺼운 겉옷으로 봉한 것에 드디어 한계가 온 것인가. IS대원에 자국민이 많다니 어찌된 일인가. 대혁명 이후, 톨레랑스[관용]정신을 이민자들에게도 실천했을 텐데 회교도인들에게 돌려받은 것은 참혹한 테러 참상이 아닌가. 그동안 묵묵히 지켜온 그 가치관이 흔들리기라도 하듯 여신상의 눈동자에 결단 어린 단호함이 묻어 있는 것 같다.

광장 가장자리에 들어선 몇몇 카페들도 여신상을 보고 있다. 따뜻한 햇살이 비치는 카페에서 담소를 즐기는 파리지엔들의 한가로운 모습. 그 뒤안길과 골목길에는 쫓기는 자들의 절규가

MÊME PAS PEUR

도사리고 있었던 것일까. 그 틈새에서 침묵이 입을 벌린 것일까. 시시비비를 떠나 무고한 시민의 희생이라는 가시 돋은 아픔에 여신상도 곧 눈물을 흘릴 것 같다.

여신상은 오른손에 평화를 상징하는 올리브 가지를 들고 왼손에는 칼을 차고 있다. 평화를 갈구하며 어떤 이유에서든 전쟁으로 확산되어서는 안 된다는 메시지를 전하는 듯하다. 가한 자와 당한 자들 사이에서 당장 서로 얼싸안고 등을 내어주며 토닥거려주라고는 할 수 없으나 이질적인 종교를 멸시하기보다는 인정하고, 증오하기보다는 화해하며, 무고한 희생이 더 이상 없으면 좋겠다고 소망해 본다.

두 번째 마리안이다. 루브르 박물관에 소장되어 있는 〈민중을 위한 자유의 여신상〉이다. 낭만주의 화가, 외젠 들라크루와의 그림이다. 그녀는 오른손에 프랑스의 삼색기를, 왼손에는 총을 들고 있다. 혁명의 선봉자, 민중의 별처럼 이미지가 강하다. 뜨거운 사막이나 설산의 경계를 거부한, 늘 푸른 영혼의 소유자처럼 보인다. 1830년, 파리에서 일어났던 7월 혁명을 주제로 그렸으니 생명의 이미지로 되살아나 액자를 뚫고 나올 듯한 기세는 당연하지 않을까.

그림 설명을 듣는다. 1814년의 왕정복고로 루이 18세와 샤를르 10세가 차례로 왕위에 올랐다. 그러나 샤를르 10세가 대혁명 이후 민중의 피로 일구어 놓은 자유 민주주의를 억압하고 과거의 정치체제로 회귀하려 하자, 시민들이 크게 격분하여 일어난 혁명. 1830년 7월 27일, 소시민, 기능공, 노동자, 학생 등이 시내 곳곳에 바리케이드를 설치하여 왕의 군대와 시가전을 벌여 3일 만에 왕궁을 진압하였던 7월 혁명 이야기다.

들라크루와가 혁명 당시의 거리 모습을 자세히 그린 이 그림을 보는 순간, 김지하의 '타는 목마름으로'라는 시가 떠올랐다. 나는 이 그림에 '다시, 민주주의' '다시, 타는 목마름으로' 라는 부제를 붙여보았다. 우리의 1980년대 민주주의를 위해 흘린 젊은 피가 그림 뒷면 액자 위로 노을처럼 붉게 타는 듯했다.

나는 나직이 혼잣말을 했다.

마리안, 당신이 들고 있는 삼색기가 대혁명 이후 또다시 거리로 나왔군요. 삼색기 휘날리며 군중에게 정의를 지키려면 나를 따르라고 독려하듯 결의에 찬 모습을 한 당신은 "신 새벽 뒷골목에/ 네 이름을 쓴다. 민주주의여"(김지하 〈타는 목마름〉에서)를 외치는 정의의 투사답습니다. 중절모를 쓰고 정장을 입은 남성과 셔츠를 풀어헤치고 캡을 쓴 젊은 노동자, 하층 계급의 소년 등도 진두지휘하는 당신을 지지하며 따르고 있군요. "외마디 길고 긴 누군가의 비명소리/ 신음소리 통곡

소리 탄식소리 그 속에 내 가슴팍 속에/ 깊이깊이 새겨지는 네 이름 위에" 쓰러진 시민들의 시체는 보기만 해도 끔찍하군요. "되살아오는 끌려가던 벗들의 피 묻은 얼굴/ 떨리는 손 떨리는 가슴/ 떨리는 치 떨리는 노여움으로/ 민주주의여 만세"라고 쓰면서, 또 외치면서 그들의 희생을 결코 잊어서는 안 되겠죠. "살아오는 삶의 아픔/ 살아오는 저 푸르른 자유의 추억"으로 오늘날 자유를 갈망하는 전 세계인들에게 법 앞에 만인의 평등과 민주주의 수호에 대한 경각심을 보여주고 있지 않나 싶어요. 가슴을 훤히 드러낸 채로, 맨발로, 전쟁터가 된 거리를 장악한 당신은 어린 소년마저 혁명에 나서게 만든 하나의 이상, '자유'의 힘을 지닌 여신이라는 것이 가슴 서늘하게 와 닿습니다. 부당한 권력에 맞서는 것은 전 세계의 사회적, 보편적 열망이 아닐까 합니다. 자유와 평등을 지키기 위해 피 흘린 무고한 시민들의 고귀한 정신을 남기고자 하는 작가의 정신도 오래 기억해야겠군요.

민중의 고귀한 희생이 훗날, 민주주의의 텃밭으로 오래 남게 하려는 작가의 깊은 뜻을 가슴에 새기며 루브르의 남은 여정을 마쳤다. 다른 그림을 봐도 머릿속에는 가슴을 풀어헤친 여인의 모습만 자꾸 되새겨진다.

세 번째 마리안이다. 파리의 정취와 낭만을 물씬 느낄 수 있는, 센 강을 가로지르는 유람선 상에서다. 파리여행 첫날에 한 번, 막바지에 이르러 또 한 번 더, 두 번이나 유람선을 탔다. 센 강변 양쪽에 서 있는 건물들 자체가 예술작품으로 와 닿아 눈이 호강한다. 유명한 관광지를 배 위에서 보는 느낌은 실제 그곳에 가는 것과는 또 다른 운치가 있다.

에펠탑 바로 옆에 선착장이 있다. 지하철 '비르 아캠' 역에서 내려 조금 걸으면 된다. 파리 자유의 여신상은 그다지 크지 않고 또 유람선을 타자마자 곧바로 있기 때문에 쉽게 놓칠 수 있

다. 아름다운 다리, 그르넬교 한쪽 편에 우뚝 솟아 있는 이 여신상은 뉴욕의 자유의 여신상과 마주보고 있다고 한다.

머리에 쓴 일곱 개의 뾰족하고 긴 왕관은 7개의 대양과 대륙을 상징한다. 왼손에 들고 있는 책에는 독립기념일인 1776년 7월 4일이 적혀 있고 오른손에 들고 있는 횃불은 세상을 밝히는 빛, 자유를 상징한다.

센 강변에 자리한 자유의 여신상은 프랑스혁명 백 주년을 기념하여 미국이 감사의 표시로 프랑스에 보낸 조각상이라 한다. 규모는 작으나 의미는 같으리라. 센 강 유람선을 타고 즐길 수 있는 것은 거슬러 올라가면 자유의 여신 마리안 덕분이 아닐까 싶다.

옛날이나 지금이나 프랑스 문화의 저변에 깔려 있는 마리안 정신이 프랑스인들의 가슴에 변함없이 살아 있는 것이 놀랍다. 나라가 위기에 처했을 때 흩어질 수 있는 민심을 하나로 뭉치게 하고, 잔인한 테러 앞에서도 꿋꿋이 아픔을 이겨내게 해주며 모두가 하나 되어 레퓌블리크 광장으로 모이게 하지 않던가. 숙소에서 레퓌블리크 광장까지의 길은 짧으나 긴 여정으로 내 마음의 길 하나를 열었다. 파리 빈터 한 곳에 나의 여신상 하나를 세워본다. 프랑스의 마리안 정신에 '화해'의 의미를 담은 여신상 같은.

마리안 여신은 여전히 침묵을 지키고 있다. 침묵은 또 다른 언어의 의미 확장이 아닐까. 발화가 필요할 때, 뿌리 깊은 나무처럼 흔들리지 않는 위안을 제공한다. 땅속 줄기는 길고 넓게 뻗어 프랑스의 영혼을 꼭 붙들고 있다.

[참고 문헌]
*이명옥, 『미술에 대해 알고 싶은 모든 것들』, 다빈치, 2004.

아름다운 도시, 페낭

우중충한 비구름을 걷어내고 무지개가 활을 그린다. 한겨울, 서울의 추위를 뒤로하고 열대를 향해 비행기에 몸을 실었다. 하늘에 떠서 내려다보니 일출인지 일몰인지 가늠할 수 없는 햇빛이 아련하고 몽롱하다. 서울과 말레이 반도의 냉기와 열기, 현재와 미래의 여행지 사이에서 꿈을 꾸고 있다. 객실 사이를 휘도는 듯한 바람 한 줌에 눈을 뜬다.

드디어 도착했다. 새로운 곳이다. 단단히 싸고 있는 도시의 외피, 그 내피를 하나하나 벗기고 싶다.

#1. 역사는 숨 쉰다

말레이시아 페낭의 고풍스러운 도시, 예스러움에는 아름다움만 있는 것이 아니라 아픈 역사와 함께 쓸쓸함도 묻어 있다.

16세기부터 18세기에 이르기까지 포르투갈, 네덜란드, 그리고 영국의 지배를 차례로 받았던 도시다. 영국의 지배를 받는 동안, 영국 동인도회사가 이곳에 들어오면서 조지3세 왕의 이름을 따서 붙인 거리, 조지타운은 아이러니하게도 오늘날 최고의 명소로 자리 잡고 있다.

현재에서 과거를 본다. 조지타운을 도는 무료 버스를 타고 창밖을 내다본다. 식민지 시대의 관사나 유럽식 성당과 교회, 학교들이 차창 밖 풍경으로 스친다. 버려진 폐가와 아무데나 널브러진 쓰레기가 눈살을 찌푸리게 하지만 제멋대로 그려진 벽화들이 시선을 붙잡는다. 오래전에 그려진 것도 있고 물감과 잉크가 막 마른 그림도 있다. 동물이나 집, 추상성이 돋보이는 예술적 감각을 곁들인 그림이라 허투루 볼 게 아니다. 동물들의 눈빛이 갸우뚱, 눈자위 덧칠해놓은 삐딱거리는 음영은 억눌림의 표출인가. 아픈 상처를 봉하려는 해학과 역설이 담긴 듯하다. 색을 먹은 도시의 벽을 지나가며 무료 버스로 몇 바퀴 돌고 내렸다.

그 옛날 페낭 사람들의 삶을 생각해본다. 상상이 떼구름을 몰고 온다. 해변을 무작정 걷는다. 화려하지도 부산하지도 않은 도시. 무심한 듯 스치는 바닷바람이 오히려 마음에 생채기를 남긴다. 초창기 이곳 사람들의 각인된 아픔이라도 전하듯 바람이 싸하다. 작은 항구의 거친 숨소리가 들리는 듯하다. 비릿한 냄새에 몸이 젖는다. 수백 년 간 서방국가에 당한 지배가 일제강점기 시절 우리 부모 세대들의 아픔과 겹쳐 내면에 이는 파도소리가 거세다.

유럽인들의 거칠고 잡된 이기심이 이곳을 무역의 거점으로 삼게 하였던가. 파란 눈의 그들이 짊어지운 노역들. 말레이 본토인들에게 얼마나 힘들고 고달팠을까. 함께한 공간에서 호흡이 순탄하기만 했을까. 강자의 힘이 약자에게는 엄청난 힘으로 작용했으리라. 아픔 위에 슬픔이 새겨진다. 이렇게 고된 역사를 겪었음에도 아름다운 도시로 남아 세계인들의 발길을 붙잡는 것이 참으로 놀랍다.

인도 출신의 미국 철학자 호미 바바가 식민 문화에 대해 "하나로만 똑같아지거나 전체적으로 포섭되어 사라져버리는 것이 아니라 서로 끊임없이 경합하고 협상하는 지속적인 과정"으로 문화적 혼종성을 얘기한 것이 수긍이 간다. 어쩔 수 없지만 유럽의 좋은 부분을 끌어안은 것이 아름다움으로 작용한 것 같다.

다른 나라 사람들이 우리나라를 여행하다가도 문화적 혼종성을 느낄까. 일본 문화의 순기능이 있을지라도 절대 아니라고 부정하고 싶다. 페낭은 다른 나라라 객관적으로 여러 학자들이 말하는 혼종성에 어느 정도 고개를 끄덕일 수 있으나 우리나라와 일본의 혼종성은 생각하기도 싫다. 아니라고 우길수록 씁쓸하고 화가 난다.

뾰족이 날세운 마음을 잠재우려 계속 해변을 걷는다. 시간에 분노의 정지화면을 요구한다. 눈앞에 다시 도시가 들어온다. 차도는 넓으나 인도는 고샅길이다. 구불구불한 역사와 구석구석 살피는 재미를 길에 남기고 미로를 빠져나간다.

마음 따라 물빛이 달리 보이는 바다처럼 다양함을 곁들인 도시, 아픔을 극복하고 깊은 역사를 품에 안은 도시, 보석 중에도 은은한 진주라 불리는 페낭, 이 도시의 역사는 오늘도 살아 숨 쉰다.

#2. '그을린 사랑' 을 뒤집다

세계문화유산의 도시! 이삼백 년 이상 된 옛 시가지의 건물들이 그대로 보존 되어 있다. 다닥다닥 붙어 있는 2층짜리 건물들. 1층은 상가, 2층은 가정집이다. 건물 외형만 보면 드난살이하는 살림처럼 초라하고 어수선하지만 도시에서 풍겨 나오는 이미지는 차분하다. 고요함이 깔린 내면에는 어떤 아름다움이 있을까.

최초에 자리 잡은 부족들은 아마 인도인과 중국인, 말레이 본토인들이 아니었을까 싶다. 거리 곳곳마다 '리틀 인디안' 팻말과 그들의 힌두교 사원, 거대한 중국식 절, 서양식 성당과 교회들이 한곳에 모여 있다. 다정한 친구 같아 보인다.

이슬람 민족들이 같은 종교지도자, 무하마드를 믿으면서도 무하마드 사후 후계자의 정통성 문제로 수니파와 시아파로 나뉘어져 끊임없이 분쟁을 일으키고, 또 무슬림과 기독교인들과의 전쟁으로 인해 피폐해진 중동지역. 그곳과는 사뭇 다르다.

순간 〈그을린 사랑〉이라는 영화가 떠오른다. 중동 레바논의 한 가톨릭 집안의 여자 '나왈'과 전쟁 난민 무슬림 남자 '와합'과의 러브스토리다. 종교가 다르다는 이유로 나왈의 형제들이 와합을 무참히 살해하는데 슬프게도 나왈은 임신한 상태였다. 아이는 태어나자마자 고아원으로 보내지고 커가면서 전쟁광이 된다. 나왈은 기독교인들의 무자비한 무슬림 학살에 대한 보복으로 크리스찬 민병대 대장을 학살하고 크파리얏 감옥에 투옥된다. 운명의 장난인지 아들 니하드는 엄마가 있는 감옥의 사형집행인으로 온다. 악랄하기로 유명한 그는 엄마인 줄 모르고 나왈을 강간해서 쌍둥이 아이들이 태어난다. 나왈이 죽기 전에 두 아이에게는 친형제이고 동시에 아버지인 니하드를 찾으라는 유언을 남겨 어머니의 유언을 찾아가는 과정을 그린 영화다.

한 남자를 무참한 죽음으로, 한 아이를 죄에 물든 어둠 속으로, 한 여자를 가혹한 운명으로, 어머니가 죽은 후에는 쌍둥이들에게 새로운 가족관계를, 아버지가 곧 형이라는 것을 받아들이게 하는 끔찍한 참상을 보게 된다.

영생과 구원이라는 종교의 본질과는 먼 대척점에서 구원이 아닌 구속을, 영적 평화가 아닌 육적 괴로움을, 깊은 괴리감과 처참한 아픔을 주면서, 종교라는 이름의 흰옷을 걸치고 중동의 모래밭을 붉게 물들인 그들과는 달리 이 도시는 평온하다. 영화처럼 할퀴고 찢겨놓은 그을린 사랑을 만드는 지역이 지구 곳곳에 있는가 하면 '화염, 전란, 격한 감정의 폭발[Incendies]'이라는 원제와는 정반대로 아름다운 이미지를 만드는 도시도 있지 않은가. 어떤 이유로든 전쟁은 없어야 된다는 것을 조용히 말해주는 듯하다.

흔히 자기 종교만이 옳고 자기 종교를 믿어야만 구원을 받는다고 아우성치는 경우가 많다. 그러나 영화에서와 달리 페낭은 다른 사람과 다른 종교를 받아들일 줄 아는 도시로 한데 어우러져 있다. 이방인들이 한곳에서 잘 지내고 있는 이곳이 어색하지 않다. 덕지덕지 낡은 옷을 걸친 것 같은 겉모습이 낯설지 않다. 고물거리고 부드러운 속살을 지닌 내면, 이 아름다운 도시에서 나는 〈그을린 사랑〉을 뒤집어 본다.

자규子規의 마음

남한강 상류인 서강 한쪽에 섬처럼 떠 있는 청령포가 있다. 삼면을 휘돌아 흐르는 강물이 숨을 멈춘 듯 잔잔하다. 일렁이지 않는 강물이 죽은 듯하다. 강 이쪽에서 바라보면 그저 솔숲으로 보이나 어린 단종에게는 돌아오지 못하는 섬이 되고 말았다.

통통배에 발보다 마음을 먼저 실었다. 이쪽에서 섬까지는 배로 불과 이삼 분이면 도착할 수 있는 거리다. 자갈이 깔린 오솔길을 따라간다. 촘촘히 박힌 돌멩이 사이에 역사의 자취가 묻어 있다. 꼭 한 번은 오고 싶었던 곳. 문학기행 덕분에 동료 문인들과 함께 청령포에 발을 내디뎠다.

단종이 유배되자 많은 사람이 오고 싶어도 올 수 없었던 이곳. 소나무 숲이 울창하다. 솔가지가 바람 따라 슬픈 선율을 만들며 역사를 얘기하듯 수런거린다. 솔향기를 맡으며 우리 일행은 먼저 단종이 머물렀다는 어소로 향했다. 왕의 처소를 향해 머리 숙인 소나무 한 그루가 한을 안고 죽은 단종의 영혼을 지키고 있는 듯하다. 불쌍한 임금에게 예를 갖추고 절을 하는 모양새다.

어소로 들어서니 조그마한 방에서 청색 도포를 입고 책을 보는 단종이 밀랍인형으로 앉아 있다. 절망을 넘기고, 이별을 봉하고, 생의 허무를 감당해내기에는 아직 어려 보인다. 정적 속을 떠도는 미세한 바람들이 역사의 회오리와 한을 삭히는 듯하다. 어소를 떠돌던 바람은 유배된 주인이 마음속에 얽혀 있는 조각조각의 한을 꿰매고 성숙한 몸짓으로 살아주길 바랐을까. 삶의 허무를 바람의 가락에 맞춰 춤으로라도 풀기를 바랐을까.

어소에서 돌아 나오면 양쪽으로 갈라진 키 큰 소나무가 있다. 지금은 웅장하지만 그 당시에는 작았을 나무가 어린 왕에게 위로가 되었을까. 출구 없는 두려움 속에서 영원한 유배자임을, 영원한 떠돌이임을, 영원한 이방인임을 괴로워하였음이 더 컸을 터. 유배를 보낸 자의 이글거리는 욕망이 소나무의 키만큼 솟아 보인다.

단종의 유배 모습을 지켜보고 오열하는 소리를 들었다 하여 관음송이라 불리는 이 나무를 바라보며 나는 잠시 단종의 마음이 되어 정순왕후에게 보내지 못할 편지를 써본다.

'보고 싶은 나의 비妃여, 어이 이리 우리 인연이 모질까요. 왕비가 되어 궁에 들어왔을 때는 여느 여인들 못지않게 남편의 사랑을 받으며 행복하게 사는 꿈을 꾸었을 텐데 지아비 역할을 하지 못해 미안하구려. 그대가 나를 만난 탓에 관비까지 되어 고생을 한다는 소리를 바람결에 들었소. 찢어지는 내 마음을 바람이 전해 줄 거요.

열두 살 어린 나이에 왕위에 올랐다가 열다섯에 상왕이 된 내가 시절이 하 수상하여 이제는 폐위가 되어 첩첩산중 이곳까지 오게 되었소. 나의 운명도 어찌될지 모르지만 나라 걱정에 잠을 이룰 수가 없소. 고요와 적막 속에 새 울음마저 끊어진 새벽, 달도 기울고 찬 서리만 옷깃을 적시고 있소. 수양 숙부가 왕위가 탐나서 벌린 일일지언정 혼란한 정국이 수습되어 나라가 하루 빨리 바로 서기만 바랄 뿐이오. 수많은 신하가 죽고 피비린내 나는 한양을 생각하니 산속을 헤매는 자규子規처럼 내 마음 둘 곳이 없소. 낮이 밤이고 밤도 밤인지라 가슴에 맺힌 이 한을 어이 풀 수 있겠소.

매일 그대를 그리워하며 돌탑을 쌓고 있소. 돌 하나에 애틋함을, 또 하나에 그리움을, 저기 커다란 돌덩이에는 한양으로 달려가고픈 마음을 올려놓고 있소. 절벽 아래 흐르는 강물을 바라보며 이 가시밭길을 어찌 빠져 나갈 수 있는지를 가끔씩 물어보오. 잔잔하기만 한 물결은 묵묵부답이오. 내 하소연을 들어줄 이 아무도 없건만 그대라도 곁에 있다면 죽음의 형벌이라도 가벼울 것이오. 돌탑 위에 굵은 눈물을 쏟아내는 날에는 바람결이 말리고 갈 때도 있소. 이 눈물은 그대를 위해서 흘리는 눈물이고, 내가 왕 노릇을 제대로 못해 나라가 걱정이 되어 흘리는 눈물이오.

언제 죽을지 모르는 이 목숨. 나 때문에 그대 목숨도 바람 앞에 등불이오. 사후에서라도 둘이 하나 되어 사랑을 나눌 수 있다면 내 죽어 한이 없겠소. 불의不義 앞에 침묵을 지켰든 지키지 않았든 뉘를 탓하리오. 야욕과 욕망, 높은 자리를 탐내는 자들도 결국은 삶이 허무한 것임을 깨달을 것이오. 한 줌 자연으로 돌아가 나무가 되고 꽃이 되어 우리 다시 만나리오.'

한양에 있는 정순왕후와 나라를 생각하며 하나하나 돌로 쌓아 올렸다는 망향탑, 해질 무렵 한양을 바라보며 시름에 잠겼다는 노산대를 둘러본다. 절벽 위에서 내려다보이는 강물은 여전히 말이 없다. 그가 거닐었던 발자국 소리, 두려움에 떨었던 폐왕의 쓸쓸한 그림자를 껴안으며 소나무 숲을 빠져 나온다.

탑의 돌 하나하나에 마지막 인사를 한다.

"산이 깊어 맹수도/득실거리니/저물기 전에 사립문을/닫노라."

어소에 걸린 단종의 시 마지막 구절이 절절한 고독을 전하며 발길을 붙든다.

서강의 물결은 권력의 무상함을 아는지 모르는지, 여전히 잔잔하다. 창공은 찢어질 듯 푸르다. 솔가지의 선율이 서강과 하나 되어 유유히 흐른다.

제 2 부

솔밭을 걷다

헐렁한 옷이 몸에 딱 붙기 시작하고, 행과 행 사이의 간격이 점차 좁아지고, 자판 두드리는 소리가 점점 빨라지고, 딱딱한 글자가 부드럽게 녹아내리는 그런 날, 숨이 가빠 쉼표를 여러 번 찍다가 불현듯 마침표를 찍는 그날이 오기까지, 언젠가는 전인미답의 길로 들어갈 날이 오지 않을까.

유리 상자 탈출기

아, 이 조그만 공간에서 언제 나갈 수 있을까? 유리벽 안에서 밖을 내다보며 생각합니다. 세상에 나가 있는 내 친구들이 어떻게 사는지 궁금합니다. 언제 자유의 몸이 되어 넓은 들판을 뛰어다닐 수 있을까요? 밖이 보이지 않고 차라리 캄캄하면 좋겠어요. 아무 희망을 갖지 않을 테니까요.

있는 힘을 다해 유리벽을 밀어봅니다. 그럴 때마다 주인아저씨께 야단을 맞습니다. 나는 애완견 판매점에 갇혀 있거든요. 저 문을 어떻게 열 수 있을까요?

나는 힘이 없어요. 누가 빼내줘야만 나갈 수 있어요. 주인님이 밥을 주고 변을 치워주려고 문을 열 때마다 나갈 수 있을까 하는 기대를 하죠. 하지만 오늘도 허탕, 내일도 모레도 공염불만 하게 되겠죠. 문고리 하나를 사이에 두고 안과 밖의 두

세계를 봅니다.

물건을 가득 담은 쇼핑백을 양손에 든 부잣집 마님이 등장합니다. 쇼윈도를 몇 바퀴 돌아봅니다. 성질이 착한지 사나운지는 물어보지 않고 무조건 제일 잘생긴 친구를 고릅니다. 으르렁거리며 옆 친구의 밥에 늘 눈독을 들이는 친구가 뽑힙니다. 녀석은 우쭐대며 낯선 아줌마의 품에 안깁니다. 반짝반짝 윤이 나는 자동차에 실려 갑니다.

이번에는 나이가 지긋해 보이는 남자 두 명이 들어옵니다. 험상궂은 겉모습만 봐도 겁이 납니다. 키가 크고 멋진 놈을 고르겠답니다. 제일 시끄럽고 말썽꾸러기인 친구가 선택되었어요. 저 아저씨들은 내 친구가 여기서처럼 말썽을 피우면 보신탕이라도 해 먹을 것 같다는 생각이 들었어요. 나는 잘생기지 않은 게 다행이다 싶었어요.

어떤 친구는 눈이 아주 예뻐서 새 주인을 찾았고 또 다른 친구는 털이 유달리 길고 멋있어서 유리 상자에서 빠져 나갔어요. 나와 함께 남은 친구들은 별로 개성이 없고 매력도 없어 이 좁은 공간을 아직도 지키고 있답니다. 잘생긴 순서대로 새 주인을 만나는 것을 보면 부럽기도 하지만 씁쓸하기도 해요. 왜 사람들은 겉모습만 중시할까요.

아줌마 아저씨들이 오가며 하는 얘기를 들어보면 먼저 뽑혀

간 친구들도 꼭 행복한 것만은 아닌가 봐요. 나보다 훨씬 먼저 들어온 어떤 형은 부잣집으로 갔는데 그 집 사정이 나빠지자 길거리에 버려졌다고 하더라고요. 또 어떤 누나는 자주 아파 병원비를 많이 쓴다고 야밤에 쓰레기통에 버려졌다고 해요. 여름휴가 때면 해변에 버리는 사람도 있어요. 주인만 섬기던 한 친구는 온 힘을 다해 자동차를 따라가다 결국 놓치고 말았대요. 오갈 데 없는 신세가 되었지요.

생명의 소중함을 양심과 함께 내버리는 주인님들을 어떻게 믿고 따라가나요. 마치 내가 쓰레기가 된 것 같아 끔찍해요. 잘생긴 덕분에 먼저 자유를 맛보긴 했지만 그 친구들 운명이 안타까워요. 꼭 부러워할 것만은 아니었구나 싶어요. 그런데 왜 이렇게 자꾸만 화가 날까요.

잘생기지 않은 외모를 물려주고, 나를 지키지도 못하고 이곳에 있게 한 어미를 원망하기도 했어요. 갇혔다는 생각을 하니 더 우울하고 괴로웠어요. 이런 나는 얼마나 더 못났는지요. 그래도 다른 방법이 없으니 참아야겠지요. 그 고통을 참으면 값진 결과가 있을 거라는 희망이 낙원을 꿈꾸게 하거든요. 기다리면서 서서히 고통에서 벗어나는 법을 배우려고요. 누군가가 말하데요. 고통과 슬픔을 잊으려면 그것을 즐기라고. 참 위안이 되는 말이에요.

속으로 자신 있게 말했어요. '나는 겉모습은 볼품이 없어도 장점이 많아요. 건강해서 병들 염려가 없고 사납지도 않으니 주인을 물어뜯지 않아요. 이웃을 물어서 치료비 물어줄 일도 안 해요. 시끄럽게 짖지도 않을 거예요. 나를 데려가 주기만 한다면 그 가족의 생명과 집을 잘 지킬 거예요.' 함부로 나를 버리지 않는 주인을 만나게 해달라고 기도했어요.

눈을 뜨고 유리벽 밖을 보았어요. 그때 한 가족이 유리 상자 앞을 지나가며 말했어요.

"그놈, 눈빛이 참 순하게 생겼네. 잘생기진 않았지만 건강해보이고 귀엽네."

이게 웬일인가요. 지성이면 감천이라고, 다행히 내 진가를 알아봐 준 새 주인을 만났어요. 고통을 기쁨으로 바꾸는 건 기다림뿐이라는 걸 그때야 알았어요. 유리 상자에서 탈출! 나는 갇혀 있던 우리에서 드디어 빠져나가게 되었어요.

이제 새 집이에요. 내가 첫 발을 내디딘 곳, 새로 온 집은 아파트라서 시골마당 같진 않지만 유리 상자에 비하면 끝없이 넓은 들판이었어요. 하루에도 수없이 빙빙 돌아보았어요. 새 주인님이 하도 나를 자식처럼 예뻐해 줘서 엄마 아빠로 부르기로 마음을 먹었어요. 내가 요리조리 잘 뛰어다니니까 엄마 아빠가 나를 잡을 수가 없어요. 그게 재미있었어요. 엄마 아빠도

신이나 보였어요. 자유롭게 뛰고 즐길 때마다 행복하다는 생각을 하루에도 수십 번 해요. 나를 묶어 두지 않아 얼마나 감사한지요.

엄마는 나를 데리고 자주 산책을 나간답니다. 예쁜 옷을 입고 배낭 속에 간식과 물을 넣어서 나갑니다. 신이 나서 막 달립니다. 산책을 나갈 때는 긴 목줄을 달지만 내가 엄마를 이끌고 가다시피 합니다. 나를 따라 뛰는 엄마는 숨을 헉헉대기도 하지요. 많은 사람들과 친구들도 만납니다. 벤치에 앉아 쉴 때면 사람들이 귀엽다고 쓰다듬어줍니다. 내가 칭찬을 들으면 엄마는 기분이 좋아 어깨를 으쓱합니다. 들풀을 보고 꽃향기를 맡고 졸졸 흐르는 물소리도 듣습니다.

해가 뜨고 해가 지는 찬란한 순간을 봅니다. 어두운 세상 곳곳을 비추는 달을 맞이합니다. 하늘에 점점이 박혀 있는 별을 보며 '멍 멍' 불러보기도 합니다. 해와 달과 별과 함께 숨을 쉽니다. 내 마음속에도 빛이 가득 차오릅니다.

아직도 유리 상자에 갇혀 있을 친구들을 생각하면 미안하고 슬퍼집니다.

수필 백화점

활자로 된 물건만 잔뜩 진열되어 있다. 수필 백화점이다. 서른 개도 넘는 백화점 중 어느 곳에 가야할지 고민하다가 명품이 많다는 입소문을 듣고 찾아온 곳이다. 마감일은 다가오는데 글은 안 되고 꺼리도 없어 명품 하나 살까 해서 온 게다.

오긴 왔는데 명품을 고르는 것이 쉬운 일은 아니다. 유행하는 디자인, 믿을만한 재료, 나에게 어울리는지, 고객들로부터 평점은 잘 받는지. 나름대로 안목과 나만의 골드 포인트가 필요하다. 품격 있으면서 살짝 돋보이는 것, 나이보다 좀 더 젊게 보이면서 개성이 있는 것, 너저분하지 않고 깔끔한 걸로 고를 수 있을까.

1층이다. 논설문이나 전기문 같은 것이 놓여 있다. 부드러운 소파가 아닌 시멘트 바닥처럼 차갑고 건조한 공간. 칼럼이나 소고, 논문으로 둘러싸인 대학도서관 같은 냄새가 난다. 읽기가 어려운지, 현대인의 기호에 맞지 않아 그런지 매출이 낮은가 보다. 몽땅 떨이, 재고 정리, 특가 세일, 바로바로 즉각 배송 등 얼굴이 화끈거리고 난감한 단어들이 난무하다. '헌것 다오, 새것 줄게,'와 같은 보상 판매도 있다. 내 몸에 맞지 않는 줄 알면서도 이런 단어들에 흔들린다. 많은 사람들의 땀방울이 아깝지만 얼른 발걸음을 2층으로 옮긴다.

분위기가 왠지 표정 없는 연기를 보는 듯 뜨뜻미지근하다. 미셀러니식 신변잡기나 편지글, 일기문, '글은 사람을 만들고 사람은 글을 만든다.'와 같은 이미 많이 봐왔던 평문들로 도배가 되어 있다. 쉽게 쓰여 읽기는 편하나 민무늬 티셔츠를 입은 느낌이라, 글쎄? 아무래도 다른 층 물건에 덤으로 끼워 팔기의 운명에 놓일 조짐이 보인다.

판매 직원의 눈치를 보며 살짝 빠져 나온다. 마음에 드는 수필 찾기가 묵언수행 순례길 가는 것만큼 힘들다. 3층은 리얼한 체험관이다. 소비자에게 친숙하게 다가갈 수 있는 장점이 있다. 하지만 '아프다. 기쁘다. 슬프다. 괴롭다. 화가 난다. 놀랍다. 두렵다. 지루하다. 우울하다' 등등의 단어 조각들로 퍼즐 맞추기 하러 온 체험학습장 같다. 유명인의 기행이나 경험담으로 버티기에는 한계가 있는 듯 판매실적 부진으로 안간힘을 쓰는 노력이 역력하다. 꼴찌를 벗어나 순위가 오르고 고객들로부터 긍정적인 평가를 기대하는 눈치다. 매출성장에 시너지 효과를 내기 위해 시장 변화에 발 빠르게 대응하고 있다고 했다. 체험만이 중요하지 않고 '고객감동'이라는 단어가 붉게 밑줄 쳐져 있다. 신선함이 없다는 주제넘은 생각에 3층도 아이쇼핑만으로 건너뛴다.

다리가 아프다. 이러다 아무것도 못 사고 돌아가는 게 아닐까. 보통 백화점은 1층에 명품관이 있어 돈만 있으면 금방 사기 쉬운데 고도의 정신세계가 담긴 물건 구하기가 하늘에 별 따기만큼 어렵다. 힘들게 올라온 보람이 있어야 할 텐데. 서둘러 4층으로 올라간다.

명품에 가까운 몇몇 작가들의 작품들이 맨 앞줄에서 '나 좀 봐라'며 포즈를 취하고 있다. 여름에 털목도리와 털장갑을 끼고 부츠를 신은 여자처럼, 바람이 나무를 흔드는 그림인데 나무가 바람을 흔드는 것처럼, 태양의 위치에 따라 물빛이 다른 바다처럼, 발상의 전환이 눈부시다. 손바닥만 한 미니 사이즈 상품들이 한 문장으로, 한 단어로 멋진 스카프 하나만 둘렀는데 그렇게 멋질 수가. 인기대박, 없어서 못 파는 물건이라 배달도 안 되는 대신 품질 보장, 그것도 원단 품질 보장이라. 꿈같은 얘기다. 연륜과 기교는 역시 실력에 비례하는 법. 기대를 피해가지는 않았다.

머리카락 흐트러진 여인을 보고 왠지 조신하다고 말해야 할 것 같은 분위기, 한옥을 개조하여 만든 서양식 멋진 카페에 앉아 있는 듯해 기분이 좋다. 낯설지만 소비자의 심안을 꿰뚫는 발상이 참신하다. 돌아 나오는 길목에 엄지를 치켜 올린 그림까지. 화려하게 포장된 물건들도 가득, 구미가 당긴다. 지갑에서 돈을 꺼내려는 순간, 아차! 노련한 작가가 아닌 내가 이런 상품을 내어놓으면 분명 베꼈다고 되돌려 보내거나 신용을 잃어 납품금지라는 딱지를 받게 될 텐데.

반품 잘 해주는 백화점은 좋은 이미지로 광고가 되겠지만 수필 백화점에서는 반품이 한 번만 있어도 표절 범죄자로 낙인 찍혀 영원히 퇴출될 수도 있으니 일단 구매 보류.

입고 완료해야 할 날짜가 목을 조른다. 사기는 사야겠는데 갈등이 생긴다. 상품을 못 만들면 납품 못하겠다고 정직하게 말해야지 작품이 무슨 물건인감. 돌려막기도 아니고 사다니, 당치도 않는 일이다.

어쭙잖게 K백화점에 소속되어 정기적으로 글을 납품하는 사람이 되었으나 소 뒷발질해서 운 좋게 치열한 경쟁을 뚫었을 뿐 문제는 실력. 실력이라는 게 온돌방 데워지듯 자박자박 느릿느릿 올라오는 것이라 답답하다. 될성부른 나무는 떡잎부터 안다는데 이참에 납품업자 자격을 반납할까. 소질도 없으면서 질질 끌어봐야 갈수록 낭패가 아니겠는가. 독자보다 수필가가 많은 요즘, 수요보다 공급과다로 이익은커녕 제살 깎아먹기라는데 나만이라도 빠져주는 게 어떨까. 그도 그러려니 어차피 물건 팔고 수수료 한 푼 못 받는데 무료로 주거나 정리 상품 신세가 되느니 차라리 폐기하거나 생산중지하는 게 낫지 않을까.

백화점으로 발을 옮겼던 내 뒷모습이 궁금하다. 어땠을까. 쓸데없는 짓인 줄 알면서도 헛발질하여 찍어놓은 내 발자국을 사람들이 알아봤을까. 욕심과 능력 사이에 벌어진 큰 간격을 눈치챘으리라. 몸에 맞지 않는 옷을 걸치기는 했는데 벗어버리지 못해 쩔쩔매는 내 뒷모습. 가벼운 능력에 비해 무거운 욕심 쪽으로 중심축이 기울어져 있다.

남의 것 기웃거리지 말고 절필을 하는 게 어떨까. 요상한 게 사람 마음이라 '그럼에도 불구하고, 그래도, 그럴지라도' 노력하면 4층에 있는 것과 같은 명품을 만들어 당당히 명품 코너에 내 물건을 진열할 수 있는 날이 오지 않을까 희망을 갖는 것은 또 뭔지.

헐렁한 옷이 몸에 딱 붙기 시작하고, 행과 행 사이의 간격이 점차 좁아지고, 자판 두드리는 소리가 점점 빨라지고, 딱딱한 글자가 부드럽게 녹아내리는 그런 날, 숨이 가빠 쉼표를 여러 번 찍다가 불현듯 마침표를 찍는 그날이 오기까지, 언젠가는 전인미답前人未踏의 길로 들어갈 날이 오지 않을까.

지랄 총량의 법칙

우스갯소리로 들리다가도 어떨 때는 욕이 되는 말이 있다. 지랄! 웃다가 내가 넘어지고 남을 넘어뜨리게 할 수 있는 재미, 단어에 묘미가 있다. 그런데 욕으로 들으면 붉은 햇살이 거품 물듯 분노를 일게 한다.

"야, 미팅했는데 킹카들만 나왔더라. 어쩌면 잘될 거야."

"가시나. 지랄하네, 주제를 알아야지."

듣는 사람은 뒷골이 빼근해지지만 "뭐라꼬? 지 - 라알? 지랄이라 켔나?"라며 능청스럽게 받아쳐야 쌍방 간의 어색함이 지워지고 기분 나쁘지 않다.

"오늘 학교서 당번도 아닌데 쉬는 시간에 칠판 닦아놓고 출석부까지 다 갖다 놨다."

"아이고, 지랄도…."

‘그래, 잘 했어’라며 대놓고 띄우기가 조금 어색할 때 에둘러 하는 말이라 “아싸, 내일 또 지랄하고 와야지.” 하며 이미 칭찬인 것을 알아차린다.

“야 이 새끼야, 왜 내 자리에 물건 놓고 지랄이야.”

“뭐, 지 자리? 지랄하고 자빠졌네.”

길거리 좌판을 놓고 싸우는 아저씨들의 말이다. 이럴 때 지랄은 진짜다. 옆에 있다간 날벼락 맞을 수 있으니 조심해야 된다.

내가 왈, “우리 애 때문에 죽겠다. 사춘긴지 뭔지 이것도 트집 저것도 트집, 밥 먹고 간다고 했다가 우유 먹는댔다, 머리를 염색했다가 탈색했다가 또 염색하고, 바지도 줄였다가 늘렸다가 별짓을 다 한다.”

“지랄도 가지가지 하네. 놔둬라. 실컷 해야 그 지랄 안 한다.”

실컷 해야 안 하고, 또 평생 동안 누구나 다 해야 할 만큼 그 양을 지니고 있다는 지론이 K 대학 K 교수의 “지랄 총량의 법칙”이다.

얼마 전 지인들의 모임이 있었다. 첫 아이는 대부분 스스로 알아서 하는 대학생이고 둘째가 조금 힘들게 하는 고등학생이 있는 또래 부부모임이었다. 공교롭게도 막내들이 다 첫째보다 부모의 기대에 미치지 못하는지 그동안 아이와 함께 겪었던 이야기가 봇물 터져 나왔다. 자랑이 아니라 험담을 하니 공감대는 최고. 그러면서 "지랄 총량의 법칙"과 주변 사람들한테 들었던 지랄 얘기를 들려주는데 나 원 참! 우리 아이 정도로는 깜냥이 안 된다는구먼.

중고등학교 시절, 엄친아였지만 대학을 간 후, 더 이상 부모님이 원하는 대로 살아줄 수 없다며 막무가내가 된 아이. 명문대학 졸업에 일류 직장 취업까지 하고 결혼 상대로 데리고 온 파트너에 부모의 안구는 습하다. 자식의 장래를 위해 몇 마디를 하면 주객의 위치가 바뀌고 파렴치에다 배은망덕한 실제 같지 않은 실제 상황 이야기. 웃고 넘길 일이 아니다.

그뿐이랴! 멀쩡히 잘 다니던 직장을 하루아침에 그만두고 사업한답시고 시작했다가 1년도 채 못 되어 빈털터리 신세가 되어 가정에 들어앉는 남자 안주인도 적지 않다. 졸지에 경제적 치명타를 입은 가족은 무슨 죄람.

그런데 이 지랄병이 일정 기간이 지나면 자동 소멸 되느냐고? 특정 발작 기간도 만료날짜도 없지만 어느 순간에 펀치가 들어올지 모를 일.

평생 충실한 가장으로 오로지 가족밖에 모르던 사람이 70이 넘어서 새로 할머니를 만나 사랑에 빠진 할아버지도 있다. 한풀이라도 하듯 돌출 행동을 일삼으며 남의 시선을 모르쇠로 일관하는 할아버지. 맙소사!

듣고 보니 아이가 사춘기 때 객기를 부렸던 것이 얼마나 다행인가 싶기도 하다. ‘어디 부모한테….’라며 속으로 욕하고 갈등을 하면서도 태연자약 미동 없이 받아들이기를 잘한 것인가. 철 지나 하는 것보다 제철 지랄이 덜 아픈 것은 당연지사. 때늦은 지랄을 어찌 감당하랴.

우리 아이만 해당되는 줄 알았던 것이 모두의 통과의례라니 상당히 위안이 된다. 인류에 해당되는 말, 지랄, 심해지면 지랄병. 감정 전염병 같은 것이라고나 해야 할지. 예방할 수도, 치유의 꿀 팁도, 총량 초과도 미달도 없다. 때에 맞춰 하든지 철이 지나 하든지 오로지 총량을 채운다는 것이 포인트다. 내뿜는 악성 가스를 줄일 방법만을 생각하며 순간순간 위트를 담아 받아넘기는 고도의 맞서기 능력이 유일한 대처방법이 아닐까.

그런데 지랄이 꼭 나쁘기만 할까. 주변 사람들에게 당혹감을 주거나 피해를 주기는 하지만 한 인간으로 성숙되어 가는 과정에서 자유로워지고 싶은 욕망은 누구나 다 있는 법. 모두 겉으로는 완벽하고 흠 잡을 데 없어 보여도 이성과 감성 사이에서 이글거리며 피어오르는 불순물을 표출해내고 색다른 길로 들어서는 시기가 있기 마련이다. 시키는 대로 로봇처럼 살아간다면 삶이 얼마나 지루할까. 미래에 불어 닥칠 미풍과 태풍을 어떻게 구별하겠는가. 하여 자신에 대해 회의감을 가져보고, 뭔가 새로운 시도도 해보며 다른 길로 가보는 것도 나쁘지는 않을 것이다. 선로에서 이탈한다고 삐걱거리는 소리만 들릴까. 자신을 탄탄히 정립할 수 있는 기회로 보면 순기능으로도 많이 작용하리라. 자기본능을 들쑤셔 일깨워 보는 것이야말로 살아 있음을 확인하는 것이니까.

지금껏 한길만 걷고 시키는 일만 꼬박꼬박 잘 해온 나는 범인류적인 이 질병을 언제 앓고 갈 것인지. 피해 당한 자가 아닌 피해 준 자가 될 날도 올 텐데 걱정이다. 늦바람이 무서운 건 모두가 아는 사실, 나는 언제 지랄을 해 총량을 채울까. 그대들의 지랄 총량은 안녕하신가요?

요술쟁이 베키 씨

그런데 말이여, 베키 씨가 우리 동네에 왔다카네. 베키? 베키? 뭐지. 우리말인가? 영어 Becky인가? 무신 외계어 같기도 해서, "어디서 왔능기요?" 물어봤제.

물어보나마나 뻔할 뻔자, 많이 들어본 동네네.

"무낙동네."

들어봐도 들어봐도 베키 이름이 좀 생뚱맞고 재미있기도 해서, "당췌 당신 이름에 무슨 기픈 뜻이 있는기요?" 또 물어봤제.

"밸 뜻은 업꼬 내가 빼끼는 걸 원캉 좋아하다 보니 우리 아부지가 부쳐준 이름이라요."

"그라마 이름이 밸라다고 사람들이 놀리던기요, 조타고 따라댕기던기요?"

"말마이소. 내가 떴다카마 당신가치 글 좀 쓰고자븐 사람때메 길을 갈 수가 없따꼬요. 인기짱이라는 말이 나한테 딱 어울리는 소리 아인가베요."

"조아하는 데는 이유가 있을 낀데 그기 뭐요?"

"변신의 귀재라 캐샀테요. 머 요술쟁이 가튼 기술은 이 마당에서 둘째가람 서럽다요. 최고 글쟁이가 될라카마 날 따라해야 된다꼬요. 어딜 가나 이놈의 인기하고는."

듣고 본께 솔낏하네.

"나도 당신맹키로 글 잘 써가 이름 한번 날리고 시픈데 한 수 가르쳐 줄랑기요?"

"남껄 자꾸 일는기 중요하고, 똑가치 써보고, 외우고 하다보마 조은 말이 머리에 쏙쏙 기드러 온다 아인기요. 멋 뜨러진 단어 찬는다꼬 면날며칠 방구석에 트러바키가 시집도 일꼬 소설도 보마 가심팍을 탁 때리는 말이 있딴 말입니더."

"그기 다요?"

"머라카요. 특밸난 기술, 위장술로 마무리 하는기지요."

기억이 중요한데 꼭 그것만 잘한다꼬 빼끼는 거 잘하는 건 아이라 카네. 위장술이라는 교묘한 기술도 있어야 이 바닥에서 일등한다카미 막 부추키기라도 하듯이, 자랑하듯이 말한께 염팡 사기꾼가태가꼬 가찹게 지낼라카다 고마 베키 씨를 피해야겠다 이 생각이 드는구마. 마치 균을 옮기는 바이러스 가테가 얼릉 띠내삐리고도 싶꼬.

그기 을매나 위험한 긴지도 모리고 계속 부터 있다가 재수 업시 한번 올므마 죽을 수도 있는기라. 클 난다 카이. 남 꺼 빼끼는 거는 영혼을 훔치는 기나 마찬가진데 물건 훔치는 거보다 더 큰 도둑이라꼬. 베키 씨도 그라마 그러치 알고본께 도둑놈이구마. 나도 까딱 잘못하마 도둑놈 될 뻔했다 아이가. 아이구 끔찍시러버래이. 내 생애 도둑놈이 머꼬. 물건 훔치마 쇠고랑 차는데 베키 씨는 멀로 벌바들까. 영혼을 절도했다? 도덕적인 죄? 무신 처벌이 있을까 그것도 솔차니 궁금하네그려. 아직까정 들이댈 잣대가 업다칸께 기절초풍할 일 아이가. 건강한 사회를 위해 중요하고도 중요한데 말이여. 그 틈을 타가 베키 씨는 글쟁이들을 자꾸 유혹하는기라. 그라다가도 우얄땐 말도 횡설수설, 베키 씨!

자기를 요술쟁이라고 불러줄 땐 조은데 그래도 시상에는 자기를 감시하는 눈도 만코 자기를 잡으러 댕기는 사람도 을매나 만은지 도둑놈맹키로 숨고다녀도 언젠가는 들킨다꼬 말도하네그려. 들킬까 바 가심이 조마조마하고 오늘 잡힐지 내일 잡힐지 수십 년 후에 잡힐지 몰라 기냥 돌아댕기도 쇠창살에 무낀 기나 마찬가지라꼬도. 그라고 잡히는 데는 죽는 거맹키로 순서가 따로 업고 예고업시 마구재비로 잡는다카네. 자기만 아이고 자기에게 한량업시 은혜를 베푸는 공범자들, 일명 유명한 출판사 잡아내는데도 귀신이라카민서 자기 경험을 말하는데도 부끄럽지 않게 막 해대는구마.

"아따. 수십 년도 더 댔는데 그때 고마 외국사람 누구껄 빼끼띠마 그기 재수업서가 요새 잡힛는 기라. 옛날에는 오리발 내밀고 딱 잡아띠는기 통해가꼬 글이라 카마 내가 최고였는데 아이고 요즘은 시상에 인터넷이라는 돋보기 순사 땜시 억수로 쩔쩔매다가 고마 '내 기억을 나도 못 믿을 나이가 댓다'고 얼버무리따가 몰매 마즐 뻔했다카이. 말해놓코 본께 내가 봐도 유체이탈 화법을 쓰가꼬 쫴께 찔끔했다 아이가. 인자 부끄러버가 이 짓도 못 해먹을 판이라 우야꼬십네."

듣고 보이 시커먼 속이 밍경처럼 환하게 보이는데 그래도 자꾸 베키씨가 내 머릿속에서 떠나질 않는 기라. 인간이 그 머꼬 이중성이라는 거 안 있나. 하마 안 되는 줄 알민서도 해보고 시픈 거. 사꾸라 글쟁이라는 소리를 들어도 잘 쓰고 싶은 유혹을 뿌리치지 못하겠다 이 말씀이요. 각중에 고마 내가 멋뜨러지게 표절 한 번 해가꼬 베키 씨도 제압하고 시끄러번 시상을 한방에 훅 가라 안치고 시픈 마음이 꿀뚝갔네그려. 나도 함 해보고 말자 이 씸뽀가 발동해뿌리네. 엣따, 모리겠다.

'표절 씨와 공범자들 마카 다 온전치 못한 영혼의 소유자 아이가. 가들의 밤은 양심이고 뭐꼬 새빨간 거짓말로 억수로 격렬했다카네. 한쪽은 출판사에서 돌아와 원고지에 파묻힌 표절 씨의 얼굴을 보다가도 뭔가 짠한 맘이 있었던지 빨리 끝내뿌리라고 표절 씨를 자빠뜨리는 일이 한두 번이 아이라 카구먼. 표절한 지 수십 년 뒤 표절 씨는 이제 고마 표절의 짜릿함을 아는 몸이 되뿌릿따카이. 표절 씨의 회심의 미소 속에 욕망은 더 큰 욕망으로 풍요롭게 배어 들어뿌릿네. 그 풍요로움은 표절을 하는 표절 씨의 욕망 속으로 걸적지근하게 기름끼가 스며들어 이젠 표절 씨가 표절을 하는 기 아이라 욕망이 표절 씨에게 빨려온 듯하다카이. 표절 씨의 변화를 억수로 기뻐 날뛴 건 보나마나 공범자들 아이겠나.'

원고에 마침표 찍고 잘라 카이 마음이 얄궂꼬 와이래 잠이 안 올꼬. 원래 내가 한때 시상을 시끄럽게 한 그 사람을 비난하자꼬 이 글을 쓴 기 아인데. 내 마음 안에도 조금씩 그런 본성이 있지 않을까? 돌아보자고 한 기라 카이.

솔밭을 걷다

아름드리 굵고 가는 소나무들이 하늘 향해 팔을 올린다. 소나무가 수직으로 죽죽 뻗어 있는 솔밭공원이다. 옆으로 살짝 기울이고 서로 이웃하며 군무를 이룬다. 솔가지가 한데 어우러진 숲이다.

소나무 사이사이는 꽃밭이다. 옥잠화가 넓은 잎을 펼치며 긴 꽃대를 들고 줄을 서 있다. 금방 꽃망울이 터질 듯하다. 금낭화가 꽃분홍색 등불을 주렁주렁 매달고 있다. 등불에 비친 불빛이 내 마음을 밝힌다. 초록 잔디는 상큼하다. 이름 모를 들풀과 꽃들이 가슴을 설레게 한다. 친구라도 부르고 싶다.

멋진 시가 새겨져 있는 목판이 서정을 부른다. 시인들을 만난 듯 감상에 젖는다. 만경봉, 백운대, 인수봉 모양의 돌탑사이로 갈래갈래 길이 나 있다. 발길을 붙잡는다.

산책길 모퉁이에 생태 연못이 있다. 붓꽃과 수련이 눈인사를 한다. 개여울에 노니는 물고기들이 손님을 맞이한다. 물 밖으로 나왔다가 들어가는 거북이는 묘기라도 하는 것인가. 소나무가 가지를 흔들며 바람을 모은다. 쉬고 싶다.

연못 옆 벤치 한 곳에 앉는다. 흙냄새가 솔향기와 섞인다. 머리가 맑아진다. 높은 하늘을 올려다본다. 솔가지 사이로 해가 둥실 걸려 있다. 숲의 욕조에 몸과 마음을 담는다. 햇빛과 피톤치드가 은은하게 스며든다.

누가 이렇게 귀한 것을 아낌없이 줄 수 있을까. 나는 받고 숲은 무한정 준다. 주었으면 받으려고 하는 것이 세상 돌아가는 이치이나 주기만 하고 받지 않는 것도 있구나. 주는 대상이 숲이 아니고 인간이라면 주고받는 관계, 갑과 을의 관계가 존재할 텐데. 분명 숲은 갑이요 나는 을이다. 숲을 바라보며 세상 안에서의 갑과 을의 관계를 생각해본다.

며칠 전 친구 집을 방문한 적이 있었다. 때마침 아파트의 층간 소음 때문에 친구 옆집과 아래층 사이에서 소동이 일고 있었다. 친구 옆집에 어린 아기가 둘이 있는데 엄마가 주의를 주어도 아이들이 조금씩 뛰었던 모양이다. 아래층 아줌마가 입에 담기 어려운 험한 말로 아이를 저주하듯 욕설을 하는 것을 보고 충격을 받았다. 아이가 뛰어서 시끄러워 봐야 얼마나 방해가 됐을까. 아래층은 갑의 위치에서 폭언을 내뱉는다. 위층은 을의 입장에서 전전긍긍하고 있었다. 옆집 여자는 피해를 주지 않으려고 집에 있기보다 유모차에 아이들을 태우고 바깥을 배회하며 돌아다닌다고 했다.

어떤 국회의원은 자기 신분을 내세워 야간에 힘들게 밥벌이를 하는 대리기사를 상대로 "내가 누군지 알아? 나, 국회의원이야."라고 했다. 국민 위에, 특히 서민 위에 군림하여 약한 을을 겁박하고 모멸감까지 준다. 골프장 경기진행 요원인 캐디를 상대로 한 전직 고위직 신분의 할아버지는 젊은 여성의 신체부위를 만진다. 부끄러움이 앞선다.

권력과 위치를 내세워 힘을 휘두르는 갑의 횡포는 어디까지일까. 숲속에 피어 있는 꽃들을 꺾으려는 자와 힘없이 꺾이는 꽃의 모습이 그려진다. 꺾인 꽃들의 향기를 삼켜버렸다. 꺾는 자가 풍기는 냄새는 구리다.

갑의 권력을 가진 사람들에게 신선한 숲은 하찮아 보일 수 있다. 숲의 순수에서 한참 멀어져 있는 세상은 혼탁하고 아득하다. 갑질에 몸살을 하는 세상을 보면 숲은 뭐라 할까. 갑의 거친 말과 부끄러운 행동들을 자주 들어야 하는 현실이 슬프다.

진정한 갑은 숲의 향기, 모습, 순수함 그대로를 지닌다. 휘두르는 강자의 모습이 아니라 부드러운 강자다. 숲의 원초적 순수다. 숲의 마음을 보아야 한다. 숲의 희생과 관용을 따라 욕망을 내리고 향기 가득한 숲을 이루어야 한다.

기백이 넘쳐 보이는 솔숲에서 눈과 마음이 즐거웠다. 예쁜 꽃들을 만나 친구를 부르고 싶었고 시가 있고 연못이 있어 운치를 느끼며 휴식을 취하게 해준 숲이었다. 이 아름다운 공간에서 나도 어설프게 갑의 흉내를 내며 살고 있지 않은지 나를 돌아본다. 부모라고 아이들에게 갑의 억지를 부리지 않았는지. 위층 강아지 짖는 소리에 발끈하지 않았는지. 경비원들이 분리수거를 도우는 것은 당연한 일이라고 생각하지 않았는지.

솔밭공원에서 나온다. 솔향기가 하늘과 어우러져 묘하다. 하늘에서도 향기가 피어오르는 듯하다.

만능 시대

만능 시대다. 너도 나도 '만능'이라는 두 글자의 마력에 빨려든다. 만능 간장, 만능 통장, 만능 열쇠 등 성씨가 만능이라면 어떤 이름을 갖다 붙여도 만능처럼 착착 들어맞는다. 성씨가 당당해 보이기까지 한다.

유행처럼 번지는 '만능 간장'에 나도 그만 넋을 잃고 말았다. 이 간장을 사용해야만 만능 주부가 될 것 같다. 사용하지 않으면 엄청난 손해를 보지 않을까, 착각까지 든다. 손품, 발품 팔지 않고 쉽고 편리하게 만사를 해결하려는 내 심보가 조금 볼썽사납지만 소리 없는 압박을 어쩌랴.

반찬 걱정은 이제 그만. 가족으로부터 극찬을 기대해볼까. 조리법대로 만능 간장을 만들어보자. 이것 하나면 어떤 요리든 뚝딱 끝나리라. 간장에 돼지고기를 갈아서 볶아 넣으란다. 그

다음엔 간장, 설탕, 후추, 물을 정량대로 넣어 함께 끓이면 끝이다. 시간과 투자비용에 비해 토털 솔루션의 가치는 극대 효과를 가져 온다니 당장 오늘 저녁부터 그 간장으로 두부조림, 어묵볶음, 가지나물, 잡채까지 해볼 요량이다.

네 가지 반찬을 순식간에 뚝딱 해치웠다. 요렇게 쉽다니! 먹어보니 맛이 좋았다. 식구들도 모두 엄지를 치켜 올렸다. 간장의 '만능'이 나의 '전능'으로 바뀌는 순간, 마법사 같고 전지전능한 이 손으로 모든 걸 해낼 것 같은 행복감도 따라온다. 반찬 걱정과 반찬을 하기 싫은 마음까지 사라지는 것은 물론, 다음 끼니의 반찬을 무엇으로 할까 열심히 궁리까지 하니 사람이 이렇게까지 변해도 되나 싶을 정도다. 닭찜, 고추 무침, 마늘종 볶음, 버섯볶음도 모두 만능 간장 요리법으로 다 바꾸었다. 나름대로 청양고추 한두 개를 추가해서 살짝 변칙을 쓰니 "괜찮네, 괜찮아." 하며 연이은 찬사가 이어졌다.

만능, 만능, 만능! 반짝이는 아이디어 하나로 만사 오케이! 간장 조금, 마늘, 설탕, 고춧가루, 참기름 등 각각 따로따로 방식은 이제 노화된 설비인 양 뒷전으로 물러나게 생겼다. '황금 만능' 시대에는 무엇을 하든 돈이 필요하지만 만능 간장은 돈이 적게 들어도 최상의 효과를 얻을 수 있다니 얼마나 기가 막히는가. 세련되고 단순화된 업그레이드로 깜짝 등장해 반짝 끝나지 않고 오래도록 인기를 누릴 것은 당연지사다.

보통 아이디어 같은데 보통이 아닌 이 아이디어에 뭔가 마법이 있는 듯 계속 끌린다. 하나 안에 모든 것을 포괄하는 기술, 경쟁력, 시장성 등 다양한 전략이 갖추어진, 시너지가 충분하다.

한참 동안 반찬 만들기에 재미를 붙여, 살림살이를 놓고 싶었던 주부의 위기를 극복했다. 최악의 솜씨가 최상으로, 약세가 강세로, 최저가 최고로. 무엇보다 매력인 것은 기초 하나를 익혀 응용력을 넓힐 수 있기에 나 같은 사람에게는 딱 안성맞춤이었던 게다. 그런데 흥행 돌풍은 딱 거기까지였다.

"맛이 똑 같아 질려."

가족들이 이구동성으로 한 말이다. 밑간이 같으니 다양한 재료를 쓰더라도 '그 맛이 그 맛'이라는 소리가 나오는 데는 얼마 가지 않았다. 얕은 맛은 사람을 금방 질리게 한다. 그것이 입맛에만 해당될까. 그렇다고 만능 간장의 대가인 요리사 모 씨를 비하하려는 것이 아님을 일러둔다.

만능이 능사가 아닐 줄을 내 짐작은 했건만 이리 쉽게 식상할 줄이야. 만능이란 단어가 '그게 그것' 또는 '도긴개긴'이란 말과 동의어란 말인가.

만능을 위협하는 요소가 무엇인지 찾아봐야겠다. 하이브리

드적인 만능이 대접을 받을 수도 있지만 제 빛깔을 지닌 하나보다 못할 때도 있다. 우리 가족들은 아무래도 여러 개를 하나로 묶은 '그린 엔 블루'보다 '그린 하나만', '블루 하나만'을 더 원하나 보다. 다양한 복합성보다 개별적 개성, 뭉텅뭉텅함보다 뚜렷한 하나를 선호한다고 봐야 될까. 만사 통과가 만사 실패를 불러올 수 있지 않은가. 반짝 컨벤션 효과의 몰이식 흥행은 안 된다는.

만능맨도 있긴 하다. 다양한 분야에 조금씩 척척 잘 해내는 사람이다. 그런 사람들은 대부분 한 분야에 대한 전문성과 심도 있는 지식이나 깊이가 부족한 경우가 많다. 나도 잠시 만능 간장으로 한 방에 훅 갔지만 되돌아보면 어정쩡한 만능맨과 다름없는 만능 우먼이었다. 한때는 만능 재주꾼을 흉내 내고 싶을 때도 있었다. 그러나 짠맛이든 싱거운 맛이든 내가 가진, 나다운 맛만이라도 제대로 내야하지 않을까 싶다. 금방 싫증나는 얕은 맛보다는 오래도록 뭉근하게 깊은 맛을 낼 수 있으면 더욱 좋으리라. 오늘은 각각 다른 개성을 가진 우리 가족에게 제 맛을 유지하면서 잘 어우러지는 묘법을 궁리해 봐야겠다.

만능 시대의 편리성이 사람의 영혼까지는 충족시킬 수 없나보다.

구렁이 꿈

아이고, 시상에, 간밤에 꿈자리가 와그래 시끄럽덩고. 무시라, 구리이도 글키 큰 건 첨 밧쓴께. 한 놈이 방으로 기 드로디만 고마 내 모가지를 팍 물고 내빼뿌는 기라. 증말루 실코 무서븐 기 배암인데. 을매나 식겁했던지 이불에 땀이 푹 다 젖었더라꼬. 억수로 기분 나뿌대. 마, 일나자마자 꿈 해몽을 안 차자봤나. 아이쿠, 머라카노? 이기 웬 떡잉기요. 복권 사라 카네.

근디 복권을 우째 사능고? 사바야 알제. 일 안하고, 맨날 빈둥빈둥 나자빠져 디비 자거나, 깰바꼬 요행만 바래는 사람이 복권 사는 줄 알았디마, 내가 그 짝 날 판인기라. 안 사고 지나갈라 카이 염팡 당첨될 꺼 가꼬, 사러 갈라 카이 또 와이래 부끄럽노. 모티라도 있으마 숨고 싶다. 혹시 복권 살 때 아는 아지메라도 보마 "아이고 저 사람도 밸 수 없네. 밥띳거리 아가리 너마 됐지 말라코 저케샀노. 복장이 시커머타 아이가. 암만 그케도 개안은 사람인줄 알았디마 사람 잘못 바따 아이가. 저 따구로 안 살아도 되능긴데.” 이랄 꺼 가태가 자꾸 뒤통수가 땡긴다. 구리이가 아이고 달구새끼가 나왔스마 내 이카나?

아~! 묘수가 업슬까잉. 아차, 집 게잡은 데 말고 지하철 역쪽으로 가마 아는 사람 업슬끼다. 와 이걸 진작 생각 못 했겠노.

“아지멘교?”

‘복권 한 장 주이소.’ 이 말이 목구녕에서 나올랑 말랑, 목소리가 기 드러간다. 또 죄진 기분은 머꼬.

“번호는?”

그 머시고 물건 사는 거 맹키로 쉬운 줄 알았디마 써야 되는 번호도 천지 삐까린기라. 그라자나도 누구한테 들킬까바 상판때기 벌건 다라오리는데 번호까지 퍼뜩 대라 카이 어려버서 물어봤제.

“우예 써요?”

“아따 아지매, 와그래 답답하요. 속이 천불 올라 온께 마, 자동으로 하이소.”

이카민서 뿔따구를 벌컥 내는기라. 볼태기는 빵빵하고 입수부리는 두텁하고 손모가지는 와그래 굴떵고. 뚱띠가 따로 업더

마. 나도 고마 '그카마 치아뿌라'고 하고 싶디이 돈뭉티기 눈앞에 둔 장똘배이 맹키로 눈떠버리 크게 뜨고 복권 한 장 받아 얼릉 숭가가 그서 바로 토끼뿌릿지 머.

복권을 손에 쥔께 인자 마 세상이 다 내 끼고 부러운 기 업더마. 하마 수백억에 당첨댄 기라. 니캉 내캉 마카 다 잘살고 십꼬 말고. 친정 동기간들과 친정오매, 시누하고 시아부지한테 두둑하게 나나줄 끼다. 평소 가찹게 지내던 사람들한테 겁나게 기마이 한 번 쓰고, 도와줄 곳 있으마 화끈하게 쏴 뿌리지 쪼메꾸씩은 안 준다. 보루바꾸에 담아가 확 앵가뿐다 카이. 째째하게 할라마 안 하능만 못한 기라. 그라고 보인께 각중에 고마 내가 천사가 되뿟네. 다리한테만 뭉티기 돈이 다 드가뿌마 안되지. 나도 천지개벽을 해 봐야게꾸마.

달삭하고 꼬시랍고 구시기만 한기 인생인감. 삶이 와그래 디덩고. 간가이 새그랍기도 하고, 씁싸그리하고, 짭쪼롬하다가 씹기도 하고, 툭수바리 깨지는 소리도 들어봤능기라. 여지끈 강북을 떠나서 산 적이 업는데 이참에 강남으로 이사 간다꼬 누가 머라카겠노. 가는 건 빼논 당상이고, 널븐 집에 가서 수두룩 뺑뺑 돌아 댕기는 책부터 지 자리에 챙기 너마 속이 시원하게꾸마. 밥떠거리 입에 못 너도 책은 내삐릴 수 업슨께. 널븐 집에 사는 것도 모자라는지 멋 떨어지는 곳에 별장도 사고 싶다 아이가. 조건 머꼬? 제주도 해안가! 아이구, 오메. 생각마 해도 가심이 팔딱 팔딱 띤다잉. 차는 또 멀로 바꿀까. 물 건너 온 걸로 바까야지, 우리 알라덜 공부 시킨다꼬 짬이 안 나가 그 흔코 흔한 똥가방(루이비똥)도 하나 없는데 장만하고, 비싼 가방에 맞차 조은 옷과 신발도 구색을 가차야제. 나도 참 앵간하다, 앵간해.

날마다 글 쓴다꼬 노트북을 끌어안고 살았디마 어깨 죽지도 쑤시고 온 천지가 아파 죽겠은께 마싸지도 원 없이 바다볼라꼬. 고거마 아이라 카이. 그 머시고 나 참, 돈 애낄라꼬 멀커디도 내가 직접 갈색으로 물디리는데 을매나 고생시러븐지 아무도 모릴끼라. 인자 미장원 가서 폼 잡고 안자 있쓰마 이쁜 색으로 윤기가 잘잘 흐르겠제. 증말루 돈이 존기라. 내가 원체 물질만 후비파는 사람은 아인데 돈 생기마 하고 시펀기 일키 만은거 본께 나도 여자고 사람인가배.

진짜 하고 시픈기 따로 있는데. 그기 먼가 말하마 다리이가, "가가 좀 고마 웃기라 캐라. 문디 콧구녕에 마늘 빼 묵는 소리하고 자빠졌네." 이카겠지만 내한테는 진짜루 꿈인 기라.

머시냐, 공기 조코 경치 조은 북한산 자락에 문학관 맨드는기 내 꿈 아이가. 생각마 해도 와이래 조은가 모르겠따. 밥 안무도 배가 안 고푸다. 하모, 하모! 방도 마이 맹그러가 작가들한테 여 와서 글 써라 카마 입이 째지겠지. 머싯는 시상이 마른 날에 분수처럼 솟아오르게 조경도 한번 멋떠러지게 해볼라꼬. 글이 맨날 잘 나오나. 안 나올 땐 정원에 나가 커피 한 잔 홀짝거릴 수 있께끔 끄티에는 카페도 맨들어야제. 그라마 업던 생각도 맹글어지고 오아시스가 따로 업는 기라.

문학이 원캉 사람을 위해 있다 보이, 인간과 문학은 찰떡 궁합인기라. 촉촉한 시 한 수, 눈물 빼는 수필 한 편, 가슴 시리는 소설 한 편, 훌쩍훌쩍거리고 배꼽 빠질 정도로 울고 웃게 맹그는 글들이 꿈과 희망과 사랑과 철학을 심어주제. 살만한 세상이 따로 업꾸마. 꿈의 문학관 밑그림이 다 됐다 고마. 그거 해줘따고 돈 받으마 귀퉁배기 눈알 빠지도록 쎄리 맞을 일이제. 쪼그랑망태이 돼가 죽을 때 싸가지고 가는 것도 아이고.

문학관 여볼때기에는 남편이 고로쿠롬 갖고 시퍼하는 명상센타를 맹글어 줄라꼬. 일주일 내내 새빠지게 일하고 주말에는 공기 조은데 와가 좀 쉬야 또 일할 맛이 날낀께. 그 사람들이 자기하고 아무 끄나풀이 업서도 그런 조은일 하고 싶다카이 우야노. 죽은 사람 원도 들어주는데 안 들어주마 클라제. 몸띠도 지치고 맴도 힘든 사람들은 이런데 와가 쉬야 된다카이. 이전부터 명상은 사람을 말갛게 해주고 청명하게 해준다 캐샅테. 햇빛과 달빛 마이 본다고 돈 내는 거 아인께 좋은 생각 하러오는 사람한테 돈 받으마 안 되고말고. 택도 업다.

아따, 고마 먼날 며칠 동안 무릉도원이 따로 없던기라. 구름 타고 둥둥 떠다닌께 쪼깨 어지럽기도 하더라. 안 마시도 목이 안 마르고 맴은 진작에 부자가 다 된기라. 다른기 도통 손에 안 잡히니 이 일을 우야마 좋노. 인자 일을 안 해도 될끼고 일요 일만 기다리마 된다.

탈무드에 이런 이바구가 있더라. 함 드러바래이. 우유통을 머리에 이고 시장에 가는 가시나가 우유 하나 가꼬 오만가지 생각을 다 하는기라. 우유를 팔아가 게랄을 사까. 게랄이 삐아 리되마 삐아리는 달구새끼 될끼고 그 달구새끼를 팔마 얌새이 도 살 수 있겠다 캐사미 벼리별 생각을 다 해사티마. 여서 끝 나는 기 아이고 얌새이가 크마 돼지 산다 카고 돼지는 또 이 쁜 옷캉 바꾼다카네. 이쁜 옷 입고 다니마 머시마덜이 줄줄 따 라댕길끼라고 짐칫국부터 마시사테. 그라마 그때는 억수로 비 싼 척 해사미 튕구는 척 한다는구마. 아인 기 아이라 그 가시 나는 깝치샅코 까부리샅티마 지 머리 위에 우유통이 언치가 있 다는 걸 새까마케 이자뿐기라. 그래가꼬 원캉 지피 상상에 빠 져가 머리를 시기 흔들어 댓던 가바. 아이고, 쯧쯧! 우유통은 맨땅에 떨카가 자빠졌뿟꼬 그 가시나의 휘황찬란했던 꿈은 헛

끼 되고 다 깨졌뿟는기라. 허왕된 이바군데 그래도 만은 걸 갈차 주는 기라.

아이구야, 기다리고 기다리던 일요일이 왔다잉! 꿈이란 기 꾸마 꼭 이뤄질 꺼 같은께 신기하고 요상시러븐기라. 이런기 마법 아인가 몰라. 이 마법의 꿈이 죽을 때까정 안 깨지마 조케 꾸마. 복권에 당첨 될 낀가. 번호를 마차 본께, 아차, 헛꿈이었구마. 탈무드의 가한테 '까부라싸티마 고거 말똥꼬시다.' 이 말할 끼 아이구마. 나도 모리게 고마 탈무드의 그 가시나맹키로 머리를 시기 흔드러대고 말았뿌렀네. 가를 숭보는기 아인데.

독감 바이러스

지하철 안이다. 내 옆자리에 젊은 연인 한 쌍이 앉아 있다. 여자가 계속 재채기를 한다. 손수건으로 입을 가리고 콧물을 연신 닦아낸다. 코가 막혀 답답한 듯, 힘들어하는 모습이 안쓰럽다.

곁에 앉아 있노라니 두 사람이 나누는 대화가 저절로 귀에 들어온다. 오랫동안 비염에 시달리던 여자가 독감까지 걸린 모양이다. 비염은 완치되기가 어렵다고 한다. 체질개선이 우선이라니 그게 어디 쉬운 일인가.

여자의 무릎에 콧물 한 방울이 뚝 떨어진다. 당황해서 얼른 닦는다. 그 모습을 보니까 텔레비전에서 본 영상 하나가 생뚱맞게 떠오른다. 한 여자의 콧방울에 맺혔던 눈물방울이다. 대기업 항공사의 부사장 J씨, 늦은 사과와 함께 흘린 그 눈물에는 사회적 병폐를 일으키는 독한 바이러스가 숨어 있었던 건 아닐까. 우리가 사는 이 세상이 혹시 만성비염에 걸린 것은 아닌지, 혹한의 시절에 독한 바이러스까지 겹치는 건 않을지, 걱정이다.

아무리 고귀하게 자랐다지만 그 안하무인眼下無人격 바이러스를 어찌하면 좋을까. 일등석에 앉아서 땅콩 한 접시만 소중하게 보이고 다른 사람은 휴지처럼 보였나 봐. 콧물 닦은 휴지를 아무데나 내던지듯 폭언과 폭력을 제멋대로 쏟아내 여기저기 경계주의보를 울리게 했지. 비행기를 회항하게 한 그 위력, 정말 대단해. 자기 전용 비행기나 장난감 비행기나 모형 비행기쯤으로 착각을 했던 게지. 수직 사회에서 제일 꼭대기에만 있다 보니 그 아래 세계가 보이지 않고 볼 필요도 없었나. 그나마 근신이라도 했으면 좋으련만, 한 번 실수도 모자라 잘못을 감추려 전전긍긍했으니 후안무치厚顔無恥 바이러스까지 감염된 게 틀림없어.

젊은 상사 앞에서 무릎 꿇은 가장의 모습을 가족들이 보았다면 그 심정이 어땠을까. 대신 실습이라도 한 번 시켜봐야 알까. 땅콩 회항의 그녀, 치킨집 사장, 육군 대장 부인, 그리고 또, 또, 또…. 돈과 권력에 취해 사는 이들은 낮은 자나 약한 자를 무시하는 게 몸에 배인 걸.

우리가 사는 세상엔 적절한 온도와 습도 유지가 필요해. 물질 만능 주의의 '온도'가 너무 높고 인성의 '습도'가 너무 낮아 허약체질이 된 건 아닐까. 사회적 병폐가 만연하다보니 너무 춥거나, 아니면 너무 덥거나 건조해서 주의보가 자주 발생하나 봐.

공부만 잘하고 돈만 많이 벌면 된다는 식의 건조한 사고방식도 문제야. 상대의 마음을 촉촉이 적셔주는 습도가 너무 낮아 탈이지. 며칠 전 신문에서 읽은 세계의 진정한 재벌들의 말, 말, 말. 그 말들은 아마 안하무인과 후안무치의 바이러스에 감염된 사람들에게 습도를 올리는 신의 한 수가 될 거야.

"남이 나를 대접하기를 원하는 대로 남에게 대접하라."

세계 최대 유통기업의 월마트 회장인 롭 월턴이 자녀들에게 특권의식을 가지지 말라며 교육시킨 말.

"존재하지만 드러나지 않는다."

자녀들에게 옷을 물려받아 입게 하고, 정원의 풀을 뽑게 하고, 스스로 대학을 졸업하게 하고, 국가에 대한 헌신과 규율을 몸에 익히도록 해군 복무를 필수로 하며, 특권보다 의무를 가르친 스웨덴 재벌 발렌베리의 좌우명.

"자녀에게 재산을 물려주는 것은 자녀의 재능과 에너지를 죽이는 것.”

철강 왕 카네기의 말.

그들의 말이 주사나 치료약이 될 수 있으면 좋으련만, 글쎄.

사돈 남 말 하지 말라고 했던가. 내가 잠시 남 탓하며 흉보는 사이에 바이러스에 감염되었나 보다. 갑자기 코가 훌쩍, 목구멍이 싸하다. ‘네 탓’이라고만 하는 생각도 일종의 바이러스 증상이리라.

그래도 아무데서나 코를 풀지는 말아야지. 적어도 내가 바이러스를 퍼뜨리는 일은 삼가야 하니까. 사회에 만연한 바이러스도 완전히 없애기는 어렵겠지만 체질 개선과 같은 근본적인 치료를 위한 방법이 없진 않을 게다.

어느덧 목적지에 도착했다. 지하철에서 내려 지상으로 올라오니 공기가 덜 답답하다. 콧속도 조금 시원해지는 듯하다. 하늘을 올려다보니 비행기 한 대가 날아간다. 서로 보지 못하는 이곳과 저곳의 사람들, 저 청명한 하늘을 가르며 구름 위를 나는 비행기 안의 저들은 지금 무슨 생각을 하고 있을까.

믿거나 말거나

은행에 돈을 많이 맡길수록 이자는커녕 보관료를 내야 되는 마이너스 금리가 도마에 오른다. 헉, 이런! 예금할 돈이 없으니 뭐, 그 참, 기분이 나쁘진 않은데, 땅 잘못 산 사촌을 보는 심정이랄까. 그것도 잠시, 알고 보니 그건 세계의 큰 은행들 문제이지 부자들이 이자를 못 받는 건 아니라나. 에고, 상대적 박탈감으로 배가 다시 살살 아파오네.

경제를 잘 모르지만 돈의 흐름에 문제가 생겼나 보다. 돈이 고혈압에 걸릴 만큼 무소불위의 소비량이 있었나, 어느 누가 신사임당과 벤자민 플랭클린을 어두운 지하세계에 감추어버렸나. 악성 콜레스테롤이 돈의 뇌관을 막고, 흐름을 끊고, 급기야 돈을 졸도시키고 말려나 보다. 그동안 세상을 쥐락펴락했던 황금물결의 파고가 좀 잔잔해지려나. 돈 돈 돈 하던 사람은 머리가 돌고 덩달아 세상도 돌아 물질이 정신으로 권한을 넘겨 줄 때가 온 것 같다. 믿거나 말거나.

인간은 수백만 년 전부터 두 발로 걸어 다녔다. 그 결과 하반부가 빠르게 진화하여 돈 되는 일이라면 무조건 달려가 물질에 온몸을 바친 건 아닐까. 이제 진화의 중심이 아래에서 위로 옮겨가야할 때.

머리를 땅에 박고 두 팔을 지지대로 걷는 모습은 상상만으로도 재미있다. 어쩌면 동작이 느릴지라도 발의 힘을 빌릴 때보다 '생각하는 갈대'의 땅에 빨리 도달할지도 모른다. 진화의 화살표가 상반부의 머리를 겨냥하면 '빠름의 미학'이 인문학 키워드로 작용할지도 모를 일. 보다 지적이고 제대로 된, 품격 있는 인간이 나오리라 한껏 기대한다. 사람 격의 잣대가 돈이 아닌 인품. 이상향이자 '별유천지 비인간別有天地 非人間'이 바로 이곳. '부잣집 도련님'들은 이런 삶이 허탈하겠으나 돈 없는 소시민들은 이자 받는 건 꿈꾸지 못해도 정신을 플러스할 수 있으니 그나마 살만한 세상을 펼칠 수 있지 않을까. 사막에 소낙비 쏟아지는 날이 오지 말라는 법은 없으니까. 믿거나 말거나.

제 3 부

나에게 기대봐

새봄이 오면 고물
고물한 햇살이 온종
일 그 언덕에서 놀
테고 봄 동산의 꽃
잔디는 낮에 뜬 별
처럼 찬란한 빛을
쏟아 내리라. 어
떠한 추위나 어려
움도 다 막아줄 수
있는 곳, 그곳이 있는
한 나의 생은 고독
하지 않을 것이다.
내 추운 날의 등대
처럼.

한겨울의 등대

마음속까지 찬바람이 파고든다. 걸음을 옮길 때마다 온몸에 비늘이 돋는 듯하다. 강풍을 헤치고 종종걸음하며 오르던 언덕배기, 바람 한 점 막아주지 못하고 피할 곳 없던 그 옛날 언덕배기의 기억 한 장면이 울컥, 목젖을 울린다.

유학산 자락 아래 조그마한 시골 마을, 반계동에 우리 집이 있었다. 중학교에 다니려면 왜관까지 버스를 타고 나와야만 했다. 운행 간격이 뜸하다 보니 버스 안은 몸을 움직일 수 없을 정도로 붐빌 때가 많아서 등하굣길이 만만치 않았다. 어쩔 수 없이 왜관 읍내에서 자취를 하게 되었다.

어린 중학생이 혼자 자취를 하며 학교에 다니는 일이 쉽지는 않았다. 무엇보다도 생활비가 부족한 게 제일 큰 걱정이었다. 그렇다고 부모님께 돈을 더 달라고 할 형편도 못 되었다.

토요일에 일주일치 용돈을 받아와서 단짝 친구에게 빌려 쓴 돈을 갚고 나면 월요일부터 무일푼이었다. 나에게 매번 생활비를 빌려주고 엄마가 해주는 밥을 먹고 다니는 친구가 무척 부러웠다. 궁색하기 짝이 없던 그 시절을 떠올리니 스산한 바람이 찬 겨울을 앞당긴다.

학교 갈 시간이 될 때마다 이불을 뒤집어쓰며 몸을 움츠렸다가 할 수 없이 다시 일어난다. 집을 나선다. 호호 손을 불어가며 차가운 손을 녹인다. 아침도 미처 챙기지 못한 뱃속으로 스며드는 바람이 허기를 더 느끼게 한다.

왜관 남부 버스정류장에서 학교로 들어가는 등굣길에 부는 칼바람이 매서웠다. 인생의 오르막길을 예고라도 하듯 나에게는 그 등굣길이 언덕에 오르는 것처럼 힘들었다. 판잣집 하나 없는 허허벌판. 걸어서 10분 남짓 거리가 무척 멀게 느껴질 만큼 바람이 세찼다. 장갑도 없고 양말은 얇아, 손발이 붉게 얼었다. 난롯불이 지펴진 교실에 들어가면 손발이 가려워 온종일 긁었다. 봄은 왜 그리도 더디 오는지. 빨리 가지 않는 시간이 야속했다. 그러나 그 혹독했던 시절에도 추위를 사그라지게 하는 게 하나 있었다.

시린 바람을 껴안고 가다보면 저만치 앞에 뾰족 첨탑이 고개를 내미는 건물 하나가 있었다. 베네딕도 수도원이었다. 그곳에 있는 십자가를 보면 왠지 모르게 마음이 아늑해지고 추위가 녹는 듯했다. 담장 안에는 새로운 세계가 있을 것 같았다. 저 안에는 누가 살까?

햇살 쏟아지는 어느 봄날 하굣길에, 굳게 드리워진 대문 틈사이로 담장 안 전경을 훔쳐보았다. 붉은 벽돌로 지어진 건물과 길게 이어진 길 입구에 깔려 있는 분홍빛 꽃잔디가 눈에 들어왔다. 꽃잔디 만발한 아름다운 동산이 나에게는 천국처럼 보였다. 내 마음에도 봄이 오는 것 같았다.

나도 영세를 받으면 저런 곳에서 살 수 있을까. 막연한 꿈이었다. 베네딕도 성인의 삶과 영성을 본받으며 수사님들이 수도생활을 하는 곳이라는 것을 나중에 알았다. 이름 그대로 '은총받은 자, 축복 받은 자'들이 침묵과 노동을 하며 개인의 영달을 버리고 오로지 하느님을 찾으며 하루하루 기도하며 살고 있었다. 가난, 순명, 정결로 십자가의 삶을 사는 수도자들이었다.

언덕배기를 오르내리던 때와 같은 삶에 맞닥뜨려질 때마다 생각난 곳은 바로 높게 울타리 쳐진 베네딕도 수도원이었다. 그 이후부터는 천주교 신자가 되면 좋겠다는 생각이 막연히 들었다. 고등학교와 대학교를 다 천주교 재단에서 운영하는 곳을 졸업하여 자연스럽게 천주교와 친숙하게 되었다. 통신 교리를 하며 영세도 받았다.

집안이 많이 어려워지기 시작한 대학시절에는 수도원에 혼자 갈 때도 많았다. 누가 툭 치기라도 하면 울음을 터트릴 것 같은 시기였다. 장학금을 타지 못한 좌절감과 엄습해오는 불안감을 떨치고 싶었다. 꽃잔디를 보며 위안을 얻기도 했다. 긴 수도복을 걸친 수사님들에게 말을 걸 용기는 없었지만 기도하는 마음으로 그분들을 대했다. 세상의 바다, 거친 파도 속을 혼자 떠도는 것 같은 고독한 존재에게 갈 길을 밝혀주었던 곳, 그곳은 내 인생의 등대와 같은 곳이었다.

이 세상에 나를 위해 존재하는 것은 아무것도 없는 것 같았다. 그러나 나는 마음이 흔들릴 때 침묵과 기도하는 법을 은연중에 배우게 되었다. 그 덕분에 허허벌판에서도 우뚝 설 수 있는 힘을 키웠다.

저 멀리 수도원을 바라보았던 그 당시의 내 모습은 한없이 작았지만 그곳에서 들려오는 나직한 기도소리는, 나를 세상에서 꼭 살아남아야 할 존재로, 한 알의 밀알이든 커다란 나무이든, 모든 생명은 살아갈 가치가 있음을 일깨워주는 소중한 노래였다.

기도의 삶이 가르쳐 준 내 삶을 돌아다본다. 내 생의 들녘에는 어느새 황금빛 벼가 수확을 기다리고 있다. 언덕에서 내려다보는 마을은 잔잔하게 흐르는 낙동강 물처럼 여유롭다.

고향에 가면 그 등굣길을 다시 가보곤 한다. 새봄이 오면 고물고물한 햇살이 온종일 그 언덕에서 놀 테고 봄 동산의 꽃잔디는 낮에 뜬 별처럼 찬란한 빛을 쏟아 내리라. 어떠한 추위나 어려움도 다 막아줄 수 있는 곳, 그곳이 있는 한 나의 생은 고독하지 않을 것이다. 내 추운 날의 등대처럼.

키질

곳간으로 들어가는 문 옆에 키가 걸려 있다. 대나무로 엮인 몸체가 한 알의 알곡도 빠져 나갈 수 없게 촘촘하다. 안쪽은 움푹하다. 길쭉하고 널찍한 몸매를 지닌 키의 양끝에는 날개도 달려 있다. 알곡과 쭉정이를 잘 가릴 수 있게 만들어진 모양새다.

할머니는 도리깨질한 콩을 한 바가지 담아와 키에다 쏟아 붓는다. 콩 껍질이 뒤섞여 있다. 처음에는 살살 흔들다가 위 아래로 계속 까분다. 위로 높이 올렸다가 바람을 일으키면서 곧바로 아래로 내려 받기를 반복한다. 콩 알맹이는 키 안쪽으로 남고, 쭉정이는 가볍게 날아 마당으로 떨어진다. 알곡 하나도 날리지 않는 할머니의 키질 솜씨에 놀랄 뿐이다.

인생에서도 알곡과 쭉정이를 가려내는 키질을 해야 할 때가 있다. 노련한 키잡이일지라도 늘 성공만 할 수 없는 게 우리의 삶이다. 알곡인 줄 알고 덥석 잡은 것이 쭉정이일 때도 있고, 쭉정이라 생각하고 버리고 보니 알곡이었을 때도 있지 않았던가.

아마도 양심이 알곡이라면 비양심은 쭉정이일지도 모른다. 그 경계에서 키질이 서툴러 시행착오를 거듭한 적이 많았다.

일전에 마트에서 생필품 몇 개와 함께 500ml 생수 6병을 샀다. 물건을 바구니에 담으면서 가격이 어느 정도일지 대충 계산을 했다. 그런데 영수증에 적힌 금액이 예상보다 너무 적었다. 고개를 갸웃하면서도 꼼꼼히 확인해 볼 생각은 하지 않고 물건을 건네받고 마트를 나왔다. 집에 와서야 영수증을 다시 보았다. 아하! 생수 6병이 아니라 1병 값만 계산한 게 아니던가.

이 일을 어쩐다. 갈등이 생긴다. 무엇보다 마트에 다시 가려니 귀찮다. '에잇, 모른척해. 뭐 얼마나 된다고. 몇천 원밖에 안 되는데 뭐. 얼마 안 되는데 뭐.' '뭐, 뭐, 뭐'의 무성한 익명성이 꼬리를 물면 물수록 비양심이 알곡의 자리를 차지한다. 알곡은 빠져 나가고 쭉정이만 남는 순간이다.

그러면서도 계산을 제대로 못한 직원 잘못이지 내 잘못인가. 양심을 저버린 부끄러움을 뒤로하니 키질도 귀찮아진다. 이렇게 사소한 일에서도 키질을 해야 하는가. 딱하다.

그럼에도 불구하고 짧은 시간 큰 갈등 끝에 자기합리화의 장애물을 젖히고 양심이라는 결승선에 도달, 마트로 다시 가기로 마음먹었다. 키가 제대로 작동한 순간이다. 마트에 가서 직원에게 이야기를 하니, "마감 때 돈을 물어넣을 뻔했는데 고맙습니다."라고 하면서 얼마나 기뻐하던지. 그 모습을 보는 순간 욕심으로 찼던 군살이 쏘옥 빠진 느낌이 들었다.

키가 오작동하는 것은 우리 동네에서만도 아니다. 머나먼 바다 건너 태평양과 대서양, 인도양과 안다만 등을 가리지 않고 나를 시험한다.

태국 해산물 레스토랑에서 값싸게 잘 먹고 만족감이 최고였는데 거스름돈까지 많이 받아서 회심의 미소를 지은 적이 있었다. 내 나라도 아니고 남의 나라에서 양심을 판 격이다. 양심과 비양심을 사이에 두고 키가 제 기능을 해 탄력을 받을 때까지 좌우 양쪽의 평행선이 얼마나 팽팽하던지. 이거냐 저거냐 엎치락뒤치락 접점은 오지 않고 타결은커녕, 얕은 생각만 깊어지고 아스라한 각도에 더욱 흔들렸다. 평소에 그렇게 유념하던 '내적 자기통제'라는 말은 금기어가 되어 침묵, 모르쇠로 일관.

식당으로 돌아가려면 다리도 아프고 피곤하다는 핑계가 자꾸 헛바람을 일으켰다. 양심의 넓이가 점점 좁아지고 깊이는 바닥을 보인다. 아니면 말고로 끝날 거면 속이 편하겠는데 그래도 신기한 것은 거스름돈 받는 순간만 즐거웠다는 사실이다. 숙소로 돌아오는 길 내내 더 많이 받은 돈이 찜찜했다. 돌려주러 돌아갈까 말까 '망설임'이라는 장치가 작동한 게다. 살짝 까불려진 양심을 눈 감으려던 몸짓이 아니었을까. 알곡 하나 얻기까지 얼마나 많은 키질을 해야 했던지, 뒤섞인 마음이 돌고 돌아 결국은 숙소에 다 와서야 키가 제 구실을 하였다.

다시 식당으로 돌아갔다. 그런데 이게 웬일인가. 식당 주인이 내 말을 듣더니 계산을 제대로 했다며 어느 나라에서 왔느냐고 되물었다. 사실은 영수증에 숫자 1과 7을 모호하게 쓴 손글씨 때문에 내가 더 받았다고 착각을 했던 것이다. 주인은 나를 비롯해서 한국 사람들을 칭찬했지만 그것과는 상관없이 그 사이 마음에 일었던 갈등으로 부끄러웠던 것은 나만 알 일이었다. 여행의 피로를 못 느낄 정도로 그날은 두 다리 죽 뻗고 잘 잤다.

쭉정이가 알곡을 유혹하는 일이 한두 번으로 끝날까. 키에서 이는 바람이 헛바람일 때가 많으리라. 비양심이 마음의 문을 밀고 들어올 때 견고하게 나를 지켜줄 수 있는 도구 하나, 키를 간직하는 일이다. 알곡에 쭉정이 하나 섞이지 않게 키질하던 할머니의 모습을 떠올리며 바람 속에 흩날리는 쭉정이의 유혹에 흔들리지 않는 키의 주인이 되어야겠다.

'차르륵 차르륵' 할머니의 키질 소리가 귓가에 맴돈다.

베리 퍼니

여행길에서 우연히 호주 출신 할아버지 한 분을 만났다. 여든이 넘은 그의 얼굴에서 세월의 이력이 단번에 읽히고, 듬성듬성 새하얀 머리카락은 파란 눈과 조화를 이루어 멋있고 여유로워 보였다.

우리는 말레이시아 랑카위에서 페리를 타고 태국 사툰으로 가는 도중 같은 배에서 만났다. 나는 사툰에서 끄라비로, 그는 끄라비를 거쳐 푸켓으로 갈 예정이었다. 우리는 2층으로 된 관광버스를 타기 위해 티켓을 구매해야 했다. 대개 요금을 지불하면 승차 티켓을 받는데, 이곳 사무실은 손 글씨로 쓴 영수증 하나만 달랑 주었다. 티켓 없이도 탈 수 있는지 궁금하고 혹시 잘못되어 국제미아가 될까 불안했다. 똑같은 유니폼을 입은 사람들에게 영수증만으로 버스를 탈 수 있는지 물어봤지만 어느 누구도 확실한 답을 주지 않고 관심도 보이지 않았다. 그들의 이런 태도는 탑승 후에도 여전했다. 목적지까지 쉬지 않고 간다고 하더니 우리의 시골 완행버스처럼 군데군데 멈추어 사람들을 계속 태우고도 양해를 구하지 않았다.

나는 불안하기도 하고 약간 화가 나기도 하는데, 할아버지는 의외로 무척 태평해보였다. 탑승 전, 물끄러미 서 있는 할아버지에게 '참 이상한 나라'라며 불평 반, 불안 반의 심중을 드러냈다. 내 말에 고개를 끄덕거려 줄 거라 생각했는데 할아버지는 그냥 어깨를 으쓱하며 "very funny, very funny" 하며 자꾸 웃기만 했다. 버스 안에서도 나는 '정말로 이상한 나라'라 하고, 그는 "매우 재미있는 나라"라며 계속 서로 다른 표현을 했다. 그의 특유의 으쓱거리는 어깨와 부드럽고 온유한 눈빛은 이렇게 말하는 것 같았다.

'여행이라는 것은 논리적으로 짜인 치밀한 각본이 아니야. 행여 잘못 타기라도 하면 그 길을 즐기면 되는 거야. 그냥 즐겨. 다른 나라에 왔을 때는 내 나라와 다르다고 불평하지 말고 다름을 인정하면 돼.'

태국인들의 무관심한 반응과 불편을 주는 행정에 불평하는 모습은 읽어볼 수 없고 단지 불편하게 만드는 문화도 그들의 문화로 존중해 주어야 한다는 눈치 같았다.

그렇다. '다르다'와 '틀리다'의 차이이다. 은근슬쩍 나는 '태국이 우리보다 경제적으로 뒤진 나라니 그들의 행정은 아직 멀었어. 틀려먹었어.'라며 '다름' 아닌 '틀림'이 마음속에 자리하였는지 모른다. 살아가면서도 이와 비슷한 오류를 얼마나 많이 만들어 왔을까.

특히 아이들에게 내 생각과 내 주장에 맞춰 내 방식대로 살아주기를 은연중에 요구하지 않았던가. 새벽부터 부지런히 일해야 하루가 보람 있고 알차다고 생각하는 나, 휴일인데 아이들이 늦잠자고 쉬는 것을 보면 빈둥대고 논다고만 여기며 알찬 삶이 아니라고 불평을 하는 나. 과연 이런 아이들은 틀렸을까.

1인당 국민소득이 2천 달러 시대, 넉넉하지 못한 시절을 겪은 나의 세대와 1인당 거의 3만 달러 시대에 살고 있는 자식들의 세대. 빠른 산업화까지 감안하면 열다섯 배가 아닌 백배나 더 발전하고 부유해진 시대에 사는 아이들이다. 그 간격은 말할 수 없이 엄청나다. 이런 그들에게 자꾸 옛날 잣대를 들이대며 우리처럼 살아달라고 요구하는 것도 시대착오적인 발상이 아닌가. 쉬는 것도 일의 연속이라 생각하는 아이들 세대는 역시 나의 시대와 다를 뿐이지 아이들이 틀린 것은 아니다.

영화 〈제8요일(The eighth day)〉에서 다운증후군을 앓는 환자인 조지와 우정을 나누며 친구가 된 세일즈 기법 강사 아리, 어수룩한 조지의 행동은 도덕적으로 틀린 게 아니라 다른 사람과 다를 뿐이라고 인정하며 우정을 쌓아가는 장면도 같은 맥락이다.

'다르다'와 '틀리다' 사이에서 '다르다' 쪽으로 인식의 변화가 옮겨가기가 쉽지는 않겠지만 여유 있는 시선으로 나 자신을 바꿀 필요가 있음을 실감한다. very funny의 여유와 할아버지의 미소가 자꾸 떠오른다.

그 미소를 아직도 잊지 못한다. 생생하다. 소리 없이 빙긋이 웃는 그 미소는 할아버지의 얼굴에 꽃처럼 피어나고 나에게는 향기로 전해졌다. 불안한 마음이 탱자나무 가시처럼 나를 콕콕 찔러 아프게 하고 화난 마음이 머릿속을 어지럽게 하더니만 이제 하얀 꽃과 탱자 향이 되어 나도 환히 미소를 짓는다.

국적마저 다른 나에게 긍정의 힘을 퍼뜨리는 그 원천은 어디에서 오는 것일까? Very funny, very funny!

나에게 기대봐

길을 지나가며 유심히 바라본다. 철골 뼈대가 길게 이어져 있다. 녹슨 자국을 겨우내 상처처럼 달고 있었는데 새봄을 맞아 곱게 단장을 했다. 흰색 페인트로 칠해져 깔끔하다. 하얀 옥양목 옷을 입고 새싹이라도 기다리는 것일까. 누구든지 오면 다 받아줄 듯, 품이 넓어 보인다.

어느새 담벼락 여기저기에서 인동초가 덩굴을 뻗고 있다. 추운 겨울에도 잎을 떨어뜨리지 않고 견딘다는 인동초. 불과 얼마 전까지만 해도 눈에 띄지 않았는데, 길고 둥근 잎이 사각 철골을 지지대 삼아 몸을 기대고 하늘을 향해 여린 순을 올린다. 왼쪽으로 조금씩 감아 올라간다. 네모난 액자 속에 담긴 한 폭의 그림 같다.

인동초 줄기가 무척 가늘다. 어렵게 꼬면서 올라가는 몸짓을 보니 허공을 누비다 제풀에 지쳐 쓰러지면 어쩌나 싶다. 여리고 가냘픈 몸을 의지해주는 건 저 철골이다. 여린 순과 철골은 기대고 받쳐주는 관계 속에서 다양한 삶의 방식을 보여준다. 저들에게서 사람들이 살아가는 모습을 본다.

어떤 덩굴은 지지대 절반부터 감고 올라가다가 옆길로 새어나와 넘어져 있다. 감고 오르는 방향도 갈피를 못 잡고 '갈 지之'자처럼 왼쪽에서 오른쪽으로 왔다 갔다 한다. 빙빙 돌다가 현기증에 아찔 중심을 잃었나 보다. 마치 부모의 간섭이 싫어 아무 쪽으로나 가려다 길을 잘못 든 아이 같다. 상대가 누구든, 아무리 도움을 주려 해도 받지 않으면 마음이 서로 어긋난다. 저 여린 순과 지지대는 서로 사랑하는 방법을 몰랐던가 보다.

어떤 덩굴은 감아가던 줄기가 아예 꺾여 땅에 떨어져 있다. 누렇게 변한 잎이 바싹 말라 금방 부서질 듯하다. 지지대에 걸쳐보지도 못한 것 같다. 기댈 곳을 잃고 허공에 길을 내려고 한 것일까. 아니면 일부러 세상을 외면하고 자신을 무생명적 존재로 건조하게 말려버린 걸까.

보잘 것 없고 나약해서 있는 듯 없는 듯한, 아무도 돌봐주는 사람이 없어도 흔들림 없이 제 길을 잘 가는 덩굴도 있다. 지지대에 몸을 살짝 걸칠 듯 말 듯, 당당하고 자신감 있게 하늘을 향한다. 아무리 삶의 기반이 흔들려도 고난을 견디며 지혜롭게

제 길을 가는 사람을 보는 것 같다.

나는 잠시 인동초의 마음이 되어 본다. '나는 어디에서 왔나?' '왜 여기 있을까?' 삶의 근원과 존재 이유를 묻지 말고 길을 가 보자. 척박하든 비옥하든, 내게 주어진 땅을 받아들이자. 어떤 선을 그어놓고 각을 세우지도, 이웃하고 있는 덩굴과 거리도 두지 말자. 작든 크든 도움의 손길이 되어준 지지대에 감사하며 액자 속의 풍경을 사랑으로 기억하자.

인동초의 삶이 쉽기만 했을까. 아무리 지지대가 있어도 제 몸을 틀어 감아 올라가려면 인고가 필요하다. 그런데 인동초가 그런 시간을 넘으며 꽃을 피웠다. 처음에는 흰색 꽃이었다가 노랗게 변하기까지 웅웅거리던 속 근심이 얼마나 컸을까. 어둠 속 험난했던 그간의 삶을 풀어 젖히기라도 하듯 꽃잎들이 갈래갈래 찢어진다. 그 안 깊숙이 실오라기만 한 꽃 수술이 대여섯 개. 손을 오므렸다 폈다, 구애라도 하는 걸까. 제 향기를 내주려는 자비의 손길 같기도 하다.

꽃을 틔운 인동초를 보니 지나간 세월과 맞닥뜨려진다. 집안이 어려웠던 시기가 있었다. 언니가 가장 역할을 하며 나와 동생들을 돌보았다. 나는 언니에게 조금이라도 부담을 덜어주고 싶었다. 대학 등록금을 내 힘으로 마련하고 내 입 하나를 덜기 위해 먼 친척 집에 가정교사로 들어갔다.

그 당시 나에게 세상은 어둡기만 했다. 모든 것을 부정했다. 허무주의에 빠져 있었다. 세상을 긍정적으로 보기까지의 통과의례였는지도 모른다. 행 아니면 불행이라는 이분법적 시각으로 사회를 바라보았다. 온통 일기장이 흙과 백의 논리로 빼곡했다. 그런데 내가 없는 사이에 집주인이 일기장을 훔쳐본 것 같았다. 자기 아이들에게 좋지 않은 영향을 끼친다고 생각했던지 나를 대하는 태도가 달랐다. 한 달 만에 스스로 그 집에서 나오고 말았다. 이런 나를 이해해주고 따뜻한 가슴으로 품어준 사람은 언니였다.

갈 곳을 잃고 언니에게 돌아갔다. 아무 말없이 사랑으로 감싸 주었다. 다시 언니의 지지대에 올라탈 수밖에 없었다. 언제 어떻게 될지 몰라 불안하기만 했던 시기를 통과하고 무사히 대학을 마쳤다. 내 삶에 언니가 없었더라면 나도 길을 잘못 들어 중심을 잃거나 허공에다 헛발질을 한 덩굴이 되었을 것이다.

아팠던, 벼랑 끝에 달려 있었던 나를 보듬고 품어주었다. 쓸쓸하고 외로운 아웃사이더 같았던 나를 한 켜 한 켜씩 단단히 감아 주었다. 허술하거나 헐거워질 수 있는 삶의 순간순간을 다잡아 긴 겨울의 추위와 아픔을 견디고 한 송이 꽃으로 피어나게 해주었다.

담벼락에 올망졸망 붙어 있는 인동초를 바라본다. 나는 상상한다. 수많은 덩굴이 나를 비집고 들어온다. 넘어져 시들어가는 덩굴의 울타리가 된다. 길을 잃고 방황하는 덩굴을 받쳐준다. 왼쪽으로 고개를 돌리도록 방향을 잡아준다. 그리고 말하고 싶다.

'누구든지 나의 몸을 감고 넘어 가렴.'

'나에게 기대봐.'

이젠 내가, 나이 든 언니의 지지대가 되어 인생의 꽃을 피우게 하고 싶다. 언니에게 받은 걸 다른 이들에게도 돌려주고 싶다. 그들이 덩굴을 올릴 수 있는 작은 힘이라도 된다면 그보다 더 좋은 일이 어디 있으랴.

무성하게 피어 있는 인동초 꽃에서 사람이 살아가는 짙은 향내가 코끝을 스친다.

더라면 (1)

'~더라면'이라는 가정을 수없이 하며 살아간다. 독서를 많이 하였더라면 글쓰기에 도움이 되었을 텐데. 일찍 출발하였더라면 버스를 놓치지 않았을 텐데. 낮잠을 자지 않았더라면 집안일을 다 했을 텐데. 펀드 투자에 욕심을 부리지 않았더라면 손해가 없었을 텐데. 과거에 이루지 못한 소망을 꿈꾸듯 과거 속에서 빠져 나오지 못할 때가 그렇다. 그중에서도 나는 '남자 이름만 아니었더라면, 더 잘 되었을 텐데.'라는 생각을 가장 많이 했다.

내가 태어났을 당시에는 남아선호 사상이 지배적이었다. 집안에 첫 아이가 딸이면 둘째는 꼭 아들 낳기를 바랐다. 우리 집도 예외는 아니었다. 위로 언니가 태어나고 둘째인 내가 또 딸이니 내게 남자 이름을 지어주면 남동생을 얻을 것이라고 했단다. 내 이름은 시대적 분위기와 사회적 통념의 결과물이었다. 이름 덕분인지 남동생을 얻긴 했다.

친가보다 외가에서 더 적극적이었다. 외할아버지가 작명에 일가견이 있어서 일가친척과 주변 사람들의 이름을 많이 지어 준 이유도 있지만 당신의 딸이 결혼을 했으니 빨리 아들을 낳았으면 하는 기대감이 커서 급하게 둘째부터 남자 이름을 지으셨던 게다.

호적에 올린 이름은 장금식張金植이다. 초등학교 때에는 딸이 남자 이름이면 놀림을 받을까 봐 어머니가 관련 서류에 장은주張銀珠로 올려놓았다. 그렇게 해도 가능했던 시절이었다. 중학생이 되어서야 내 이름이 장금식인 줄 알았다. 중학교 때부터 남자 이름으로 바뀌니 내가 남자가 된 것 같아 모든 것에 혼란이 생기고 불안했다. 학교 가기가 싫었고 친구나 선생님이 내 이름을 부를까 봐 몹시 걱정이 되었다. 무엇보다도 내 이름이 스스로 부끄러웠다. 나 자신을 어디론가 숨기고 싶었고 아무도 없는 곳으로 도망가고 싶었다. 특히 국어 선생님이 책을 읽히려고 출석부를 들면 가슴이 두근거렸다. 내 이름이 불리는 날엔 단 한 줄도 못 읽고 자리에 앉기가 일쑤였다. 보수적인 집안 분위기 때문에 불평으로 들릴까 봐 내 심정을 솔직히 말할 수도 없었다. 당연히 누구로부터 위로도 받지 못했다. 그렇게 내 안에 담 하나를 만들었다.

그뿐이랴. 동네 아저씨뻘 되는 친척들에게 남자 이름이라고 놀림도 많이 받았다. 교직에 있을 때도 우스운 일들이 일어났다. 담임을 발표하면 학생들이 웅성거렸다. 여학생들은 처음에 좋아했다가 나중에 실망을 하고 남학생들은 거꾸로 반응했다. 첫 수업에서는 애써 이름 풀이를 해주었다. '금金은 소중한 보석이고 식植은 심어준다'는 뜻으로 '귀하고 소중한 것을 남에게 심어주고 가르치며 살라'고 외할아버지가 이름을 지어주어서 내가 이 자리에 있다고 말했다. 내심 나름대로 이미지 관리 차원에서, 그리고 놀림 차단용으로 한 것이었다. 그래도 학생들은 "선생님, 오늘 아침 금식禁食하셨어요?"라며 우스갯소리를 했다. 관공서나 이름을 확인해야 하는 곳에서는 어김없이 "어, 남자 아니었어요?"라는 말이 따라붙었다.

스트레스를 많이 받다보니 자연스럽게 예쁜 이름을 가지는 것이 소원이 되어버렸다. 천주교 신자가 되면서 본명을 정할 때, 평생 주보성인으로 모셔야 할 성인 성녀들의 삶을 생각하지 않고 '유리안나'라는 이름이 단지 예쁘게 생각되어 그 본명을 선택했다. 가끔씩 필명筆名으로도 쓰는 이름이다.

이름만 바꾸면 소극적인 나를 적극적으로 바꿀 수 있겠다고 생각했다. 그러나 그 당시 개명이란 쉬운 일이 아니었다. 내가 할 수 있는 것은 오로지 외할아버지를 원망하는 일이었다. 외가에서는 친가보다 조금 편하게 말할 수 있는 분위기에 힘입어 외할아버지 앞에서 이름이 싫다고 여러 번 말 할 적이 있었다. 과묵하고 말씀이 없던 외할아버지가 어느 날 나의 성화에 못 이겨 딱 한마디를 하셨다.

"그 이름은 사주에 물을 건널 팔자다."

그 말이 무슨 뜻인지 이해가 되지 않았고 딱히 위로도 되지 않았다. 학창시절에 이름 때문에 자신감이 없어서 나를 더 발전시키지 못해 뭔가 손해를 보고 있다는 생각만 늘 해왔다. 그러면서도 '물을 건넌다. 물을 건넌다.'는 말이 메아리로 남아 있었다.

세월이 훌쩍 지난 지금에서야 생각한다. 집안이 어려웠던 과정을 극복하고 프랑스 유학까지 간 것은 '물을 건넌다.'는 이름 덕분이 아닐까 반문하며 외할아버지에게 미안한 마음을 가져본다.

요즘, 이름 바꾸기가 쉬워졌다. 새로운 이름을 가지고 새로 태어나 볼까 하다가도 개명을 하면 안정된 내 삶이 오히려 흐트러지고 무너질까 봐 은근히 걱정이 되어 망설여진다. 그리고 50이 넘으니 남자 이름도 부끄럽지 않다.

이름은 한 사람의 이미지를 지닌다. 내 삶이 아직 완성되지는 않았지만 나름대로 이 정도면 되었다고 스스로 만족한다. 더 많이 채우려는 건 욕심이 아닐까 싶다. '더라면'이라는 결박結縛에서 빠져나와 자유로워지는 데는 오랜 시간이 걸렸다.

내 이름은 '더라면'의 언저리에서 빙빙 돌다가 지금에 이르렀다. 아프게 느꼈던 상처를 가리고 버틴 결과 그동안 굳어 있던 딱지도 떨어졌다. 내 옷이 아닌 것 같은 이름이 나에게 딱 맞는 옷이 되었다. 먼 길을 돌고 돌아왔다. 물을 건너갔다 온 덕분인지 이름을 보는 관점도 조금 관대해진다. 이름값을 하는가. 반전의 인생인가.

'남자 이름이 아니었더라면, 내 삶은 어땠을까.'

아니야, 고개를 젓는다. 또다시 '더라면'의 늪에 빠질라.

더라면 (2)

#1

갓 대학에 들어간 아들이 아르바이트를 하러 갑니다. 국기원의 행사 도우미라 합니다. 무더운 날 초행길을 찾아가 일을 끝내고 일급을 받은 게 한없이 기뻤나 봅니다.

일이 끝난 후 쇼핑을 가자고 미리 약속을 한 터라 지하철에서 만나 교외의 큰 쇼핑몰로 갔습니다. 이월 상품을 좀 싸게 살 수 있다는 기특한 생각을 하기에 동행해 주었습니다. 역에서 내려 몰까지 10여 분 택시를 탔습니다.

한참 쇼핑을 하던 아들이 갑자기 지갑이 없다며 얼굴이 백지장이 되었습니다. 우리가 지나다녔던 몰의 통로를 다시 살펴봤지만 헛일이었습니다. 옷을 입어본 탈의실도 마찬가지였습니다. 당황한 나머지 어디서 잃어버렸는지조차 생각이 잘 나지 않았던가 봅니다. 택시 안이나 탈의실, 아니면 쇼핑몰 통로에 떨어뜨렸을지도 모를 일입니다. 그러나 추측만 할 수 있을 뿐 주머니에서 나간 지갑은 돌아오지 않았습니다.

몰 데스크에서 안내받아 CCTV를 확인해 봤으나 결과는 마찬가지였습니다. 실의에 빠진 아들에게 관리를 잘 못했다고 화를 조금 냈지만 곰곰이 생각해보니 나보다 본인이 더 가슴 아프리라는 생각에 더 이상 말을 하지 않고 집으로 왔습니다.

지갑에는 신분증은 물론 체크카드가 2개나 들어 있어서 걱정이 되었습니다. 얼마 전에 S역에서 대학생 학생증이 들어 있는 지갑을 주운 적이 있었습니다. 학교로 전화해 다행히 학생과 연락이 닿았습니다. 가까운 파출소에 남겨 놓을 테니 찾아가라는 말을 전해줬던 기억이 떠올라 우리 아들 지갑을 주운 사람도 제발 나처럼 수소문 끝에 연락처를 찾아 지갑을 돌려줬으면 좋겠다는 마음이 간절했습니다. 세상에는 나쁜 사람보다는 정직하고 바른 사람이 더 많을 것이라 믿고 싶어서 그럴 겁니다.

이미 엎질러진 물, 다른 방법은 없고 잃어버림으로써 얻는 방법을 가르쳐 줄 수밖에요. 예전에 나도 지갑을 잃어버리거나 무슨 손해 볼 일이 생기면 어머니는 항상 이런 말씀을 해주셨습니다.

"네가 써야 될 돈을 덜 썼거나, 불쌍한 사람을 외면했거나, 봉사를 적게 했거나, 분명 뒤돌아보면 걸리는 하나가 있을 거야. 나가야 될 돈이 나갔고 적선했다고 생각해라."

늘 이런 이야기를 들으며 자란 나는 무슨 일을 당하면 잠시 괴로워하다가 금방 수긍해버리는 습성이 있어서 속상한 시간을 단축할 수 있었습니다. 돈 문제를 쉽게 잊을 수 있으니 얼마나 다행인가 싶습니다.

하루가 지났는데도 못내 아쉬움을 금치 못하는 아들에게 해줄 수 있는 말은 내 어머니가 내게 해주신 말을 그대로 전달하는 것이라 여겨 문자를 넣었습니다. 외할머니는 초등학교만 졸업했어도 삶의 지혜를 터득하신 분이니 이 말씀을 곰곰이 되새기라며 위로를 해 주었습니다.

돌이킬 수 없으면 지나간 일에 지배를 받지 않는 게 좋지 않을까요. 아들의 입장에서 보면 큰돈이지만 이 일이 앞으로의 아들 삶에 하나의 귀감이 되어 나중에 정말 더 큰 화를 막을 수 있다면 그만한 가치가 있는 셈이기도 합니다.

카네기가 연설 도중 한 여성으로부터 심한 욕설을 듣고도 온화한 미소를 잃지 않은 일화는 유명합니다. 어떻게 평정심을 잃지 않는지 제자의 질문에 카네기는 이렇게 대답했습니다.

"그 여자가 내 아내가 아니란 사실이 매우 고맙고 감사했다네."

가장 기분이 언짢았던 날이 가장 소중한 날이 되는 것은 마음먹기에 달렸다는 이 간단한 지혜를 외할머니의 말씀과 함께 오래 간직하기를 바랄 뿐입니다.

#2

"위이잉."

드릴로 치아를 가는 소리에 주먹을 불끈 쥐고 몸은 옴짝달싹 못하고 있습니다. 마취주사를 맞아 입안에는 감각이 없네요.

"장금식 씨, 아 하세요."

오래 전에 치료한 이가 끈적끈적한 엿에 달라붙어 떨어져 나갔습니다. 드릴 소리가 무서워 식은땀을 삐죽삐죽 흘리면서도 들어가지 않아도 될 돈이 들어간다 싶어 후회를 합니다. 먹고 싶어도 좀 참을 걸. '엿만 먹지 않았더라면….'

한 순간의 달콤한 유혹에 엿을 덥석 물은 것까지는 괜찮았습니다. 성질도 급했지. 녹여 먹지 않고 깨물어 먹은 것이 그만 화근이었습니다. 치아가 빠지니 마음까지 휑해진 것 같습니다.

나는 쓸데없는 곳에 돈을 쓰지 않는 편입니다. 그렇다고 꼭 써야 할 때 안 쓰는 것도 아닙니다. 그냥 습관적으로 아낍니다. 옷이나 신발은 세일할 때만 구매하고 생필품을 살 때는 한곳에서 모든 것을 사지 않습니다. 동네 마트 중에 품목마다 각각 제일 싼 곳에서 삽니다.

먹고 싶은 충동을 못 참아, 평소 아꼈던 돈이 헛되게 날아가니 속은 쓰라리고 남은 엿은 꼴도 보기 싫네요.

"안 써도 될 돈이 나갈 때는 베풀 곳에 덜 베풀었는지 먼저 생각해봐라."

평소 어머니가 자주 하시던 말씀이 뒤통수를 때립니다. 나의 작은 실수로 들어간 돈이 지구 저 편에서 굶주리는 사람들에게 갔더라면 얼마나 보람 있었을까요. 내가 평소에 기부하는 돈을 두 배로 정했더라면 더 좋았을걸. 조금 더 많이 보다는 조금 더 적은 쪽으로 마음이 충동질해서 그랬는데. '안 내는 사람도 많은데 낸다는 것만도 어디야.' 자위했던 마음이 자맥질을 했습니다. 꿀의 달콤함에 발을 풍덩 담그지 않았더라면…. 사후약방문이지만 기부금부터 배로 올려야겠습니다.

드릴 작업이 멈추었네요. 입안의 마취가 슬슬 풀립니다. 버스가 지나가고 손을 흔들었던 경우가 얼마나 많았는지를 더듬어봅니다.

진딧물이여, 안녕!

이상한 공간 속으로 빨려 들어가는 꿈을 꿀 때가 있다. 어릴 때는 '엄마가 죽으면 어떻게 하지. 내가 혹시 콩쥐 신세가 되면 어떡하지.' 막연한 상상을 하면서 불안과 두려움을 자초하며 밤새 이불을 적신 적이 많았다. 그런데 요즘에는 아무것도 아닌 일에 괜스레 불안해지곤 한다.

나 자신이나 가족과 관련되는 일에 관해서는 물론이거니와 심지어 집에서 키우는 식물 때문에도 불안감을 떨치지 못하는 경우가 있다.

우리 집 행복나무, 해피 트리가 영 신통치가 않다. 한쪽 가지의 잎들이 축 늘어진 채 낯을 못 들고 있다. 양쪽 옆으로는 벵골 고무나무와 관음죽이 있는데 그들에게 행여 원인모를 시들병이 옮겨붙을까 봐 안절부절하며 시시각각 잎을 들여다본다. 아무리 봐도 주위에 독이 될만한 것은 없어 보인다. 크기로 봐도 곁에 있는 두 나무가 오히려 해피 트리의 위엄에 미치기에는 역부족이다. 그런데 고무나무의 널따란 이파리에 지레기가 죽었나. 아니면 관음죽의 빳빳하고 뾰족한 기세에 눌리기라도 한 것일까.

외면상 뒤처져 보이질 않는데도 저렇게 죽어가니 혹시 속으로 병이라도 앓고 있는 게 아닐까. 잔가지 하나라도 잘못 건드리면 커다란 몸집이 속수무책, 통째로 흔들린다. 아픈 감정을 저리도 노골적으로 표현하는가. 즐거워서 춤을 춘다고만 생각한 것이 상호 불통이었나. 제 본연의 땅인 대자연에서 숨 쉬지 못하고 콘크리트 벽 안에 갇혀 있어 본향이 그리워서 시들어가는 것일까. 내가 말 못하는 나무를 공연히 아프게라도 했나 싶어 미안함까지 든다.

베란다에 있는 나무들이 함께 병이 들까 봐 걱정하면서 한 잎 한 잎 세심하게 살펴보았다. 잎을 살짝 뒤집어 보니, 아이쿠, 이런! 온통 진딧물 범벅이다. 꼼짝 못하도록 숨통을 틀어막고 잎을 꽉 죄고 있었네. 얼른 약을 사다가 낱낱이 뿌렸다. 며칠 뒤, 다시 보니 검은 점들이 띄엄띄엄 약을 우습게 보듯 조롱하고 있는 것이 아닌가. 이것들 봐라. 어쩜 이리 당돌한가 싶어 급기야 휴지로 이파리 하나하나를 뒤집어 닦아내기 시작했다. 두 단계 소탕 작전에 성공하고 드디어 해피 트리는 진딧물에서 해방되었다. 다시 깨끗한 물로 이파리를 씻고 닦아주었더니 반짝반짝 초록 잎으로 되살아났다.

훼방꾼 진딧물이 언제 다시 찾아올지 모르지만 해피 트리는 일단 새롭게 태어나 예쁜 제 용모를 되찾았다. 사랑스러운 이 나무가 죽으면 어쩌나, 불안했던 마음에서 나도 잠시 해방되었다.

해피 트리뿐만 아니라, 일상의 사소한 일이나 꿈에서조차 불안을 느끼는 일이 잦다. 알랭 드 보통은 불안을 사회적 관계로 접근했으나 프로이드는 이런 불안 심리를 '억압의 갈등을 회피하기 위한 자아의 처리 방법' 중 하나라고 보았다. 백배 공감한다. 내게 무슨 억압이 그리 많았을까. 왜 그렇게 방어기제를 튼튼히 쌓으려 했을까.

어린 시절, 갑작스럽게 겪었던 집안의 어려움이 그 원인이었을까. '또 그런 일이 일어나면 어떻게 하지.' 걱정하며 미리미리 그런 억압의 상태를 차단하려는 심리일지도 모르겠다. 그러면서도 한편으로 '대충 대충 살자. 까다롭게 굴지 말자. 사는 게 별거 아니야.'라며 자신에게 훈수 한마디를 던지는 이중적 차단막까지 마련하는 건 불안 심리를 완화하려는 시도일까.

해피 트리에 붙어 있던 진딧물처럼 나의 내면을 괴롭히는 불안감, 진딧물이 사라지듯 불안을 완전히 제거하긴 힘들겠지만 적어도 키르케고르의 불안까지는 가지 말아야 할 게 아닌가. 그는 불안과 절망을 "죽음에 이르는 병"이라 했다. 나의 불안이 나를 가볍게 스치고 지나가기를 바랄 뿐이다. 미래는 시간에 맡기자. 해피 트리를 좀먹는 진딧물 같은 불안이여, 안녕!

달린다

중랑천 변을 달린다. 애완견 순돌이를 운동시킬 겸, 산책을 나온 길이다. 그런데 녀석이 갑자기 달리는 바람에 나도 함께 뛰게 되었다. 네 개의 발과 두 개의 발이 바퀴처럼 돌아간다. 녀석은 숨 고를 틈도 주지 않고 나를 끌고 간다.

머리가 흔들흔들, 빙빙 도는 것 같다. 무릎에도 무리가 온다. 관절 마디가 뻐근해지면서 경고 신호를 보낸다. 이끌려 따라가자니 더 힘이 든다.

작가 무라카미 하루키는 달리기를 즐겼다. 그는 '달리는 길 위에서 소설 쓰는 법'을 배운다고 한다. "소설을 쓰기 시작하면서, 그리고 소설을 쓰기 위해서" 달린다고 한다. 그냥 좋아서 달린다고 하지만 그의 달리기도 마냥 재미있고 수월하지만은 않았을 게다. "고통은 피할 수 없고 고통을 겪는 것은 선택"

이라는 말을 지침 삼아 그는 고통의 길을 선택한다. 달리기는 고통을 겪는 방식 중 하나인 것이다.

사람들은 느림의 철학에 대해 자주 말한다. 그것은 우리의 인생이 느림보다는 달리기와 더 가깝다는 반증이기도 하다. 그만큼 우리의 삶은 숨 가쁘게 달려가고 느림은 실천하기 어렵다. 그러나 나는 일등을 목표로 하지 않으니까 달리기의 속도는 그다지 중요하지 않다. 다만 긴 인생길에서 완주가 중요할 뿐이다. 그러니 너무 힘이 들면 쉬어가더라도 느리든 빠르든 포기하지 않고 그냥 열심히 달리며 세상을 살아갈 참이다. 그것은 내가 감당해야 할 몫이고 내게 주어진 길이기 때문이다. 달리는 순간에는 숨이 차고 힘이 들지만 열심히 달린 후에 얻는 뿌듯함도 소중하다. 어제 흘린 땀이 쌓여 오늘의 삶을 정화한다.

달리다 보면 잡념은 저만치 사라지고 머리도 가벼워진다. 내가 가는 좁은 길에서 더할 것도 뺄 것도 없고, 밀어내거나 당길 것도 없다. 지름길이나 샛길에 대한 유혹도 없지 않지만 우직한 달리기 끝에 얻는 초연함을 맛보는 것도 나쁘지 않다.

내가 달리는 길에는 장애물이 놓여 있을 때도 있다. 살아가면서 이런 걸림돌을 비켜가기는 쉽지 않다. 누추하거나 복잡한 일상에서 통과해야 하는 힘든 장애물들이다. 그 앞에 서면 나는 한 장면을 떠올리곤 한다. 어릴 적 운동회 날, 밀가루 사탕을 먹던 일이다. 얼굴에 밀가루 범벅을 하고 사탕을 찾을 때는 숨이 막혔다. 그러나 사탕을 찾은 후의 희열과 사탕의 달콤한 맛에 비하면 그런 정도는 아무것도 아니다. 장애물을 운동회 날의 밀가루 사탕 찾기처럼, 될수록 가볍게 그리고 작게, 유희처럼 대하는 게 장애물 넘기의 제일 법칙이다. 긴장 속에서도 재미와 웃음을 불러오는 삶이다.

때로는 스스로가 잘못해서 늪을 만드는 경우도 있다. 그럴 땐 자신이 만들어 놓은 흐린 물에 발을 담갔다가 놀라서 빼기도 한다. 인생이 늘 맑은 물이라면 오죽 좋겠냐만 흙탕물도 흙을 갈아 앉히면 맑은 물이 된다. 장애물을 넘는다는 건 흙탕물을 맑은 물로 만드는 일과도 같다. 이때 장애물은 삶의 복병에서 의욕으로 탈바꿈한다.

장애물 달리기, 단거리 달리기, 장거리 마라톤, 바통 이어달리기, 변화무쌍한 인생길이다. 인내와 체력, 자기와의 싸움과 지혜로움을 겸해야 통과할 수 있는 관문들이다. 그 어느 것도 숨 가쁘지 않거나 쉬운 길은 없다. 그러나 나는 그 어느 것도 마다하지 않고 주어진 길을 가려한다. 보통 사람들의 대열에서 낙오되지 않고 보폭을 맞추기 위해, 숱한 장애물을 뚫기 위해, 마라톤을 할 수 있기 위해, 내 삶을 시험하기 위해 신나게 달릴 것이다. 주어진 고통을 피하지 않을 것이고 유쾌하게 그 고통을 선택해서 하루하루 달릴 것이다. 중간에 주저앉지 않고 여러 관문을 통과했을 때 나에게는 완주의 월계관이 주어질 것이다. 무라카미 하루키는 달리면서 소설 쓰는 법을 배운다지만 나는 달리는 길 위에서 인생의 묘미를 배우며 그것을 수필의 언어로도 옮길 것이다.

순돌이는 여전히 달린다. 쉬지 않고 앞으로 나아간다. 매번, 한 걸음 한 걸음이 새로운 출발이다.

리모델링

겨울 낙엽은 땅속 어딘가로 유랑을 떠났다. 새순이 기지개를 편다. 낮달을 품으며 잎을 피운다. 가지를 키우며 초록 숲을 이룬다. 밤 달, 달무리에 일렁이는 바람에도 초록 잎은 제 몸을 곧추세운다.

시들어가는 풀잎처럼 생기를 잃고 살아가는 아이들이 있다. 비영리 사회복지 단체인 '러빙 핸즈Loving hands'와 '초록리본 도서관'의 봉사자들이 갈 곳 없이 방황하는 아이들을 보살핀다. P가 이 단체의 대표이사다.

생계를 겨우 꾸려갈 정도로 적은 보수를 받으면서도 음지의 아이들에게 따뜻한 손이 되어주는 그가 자랑스럽다. 한때 그는 내가 가르치던 학생이었고, 나는 그의 선생이었다. 될성부른 나무는 떡잎부터 알아본다고 했던가. 학생 때 착한 모습 그대로 자기 몸에 맞는 옷을 입은 그는 이제 내게 지나간 시간을 돌아보게 하고 있다. 앞만 보며 달려온 내 삶을 거울로 비춰보기가 민망하다. 누추한 나를 리모델링해봐야 하지 않을까. 부끄러움으로부터 달아나고자 하는 열망은 빠를수록 좋다.

아무래도 '나'라는 집의 안팎을 살펴봐야겠다. 이기에서 이타적 삶으로의 전향이라면 너무 거창하다. 부실한 곳이 어딘지, 누수나 과부하 상태는 없는지 살피는 게 우선이다.

외피부터 보자. 눈, 코, 입, 귀를 다 가졌으니 겉은 멀쩡하다. 그런데 자세히 보니 눈가주름, 팔자주름, 찡그린 얼굴에 침침해지는 눈, 수시로 잘못 작동되는 입. 떨어지는 청력, 고쳐야 할 게 많다.

더 큰 문제는 내부다. 내면의 벽을 한번 훑어본다. 벽면에는 장신구들이 왜 그리 많이 붙어 있는지. 갖고 싶은 대로 온갖 것을 다 걸어 놓았으니 억제하지 못한 물욕, 그 무절제함이란.

식욕으로 얼룩진 흔적도 남루하다. 내가 먹고 싶은 것을 아끼지 않고 맘껏 먹었다. 내 욕구 채우기에 급급, 저편에 있는 누군가를 생각해볼 겨를 없이 한사코 주저함이 없었다.

자, 본격적인 철거작업을 해보자. 불필요한 장식품들을 먼저 떼어내야겠군. 헉! 거실 바닥에 널브러진 옷가지들까지, 걷어낸 욕구와 몸속 쌓인 노폐물을 담아 놓은 쓰레기통은 배가 불룩하다.

줄무늬 외피를 당겨 혐오감을 없애고, 잃어버린 탄력을 되찾고, 눈과 귀 그리고 입을 교정하기까지 견적과 예상 소요시간이 나오는데 휴~. 거미줄같이 얽힌 욕구를 삭이며 독성을 지우려면 매일 무릎 꿇고 엎드려 성체조배나 백팔배를 드려도 부족할 것 같다. 의식의 변화가 그리 쉬울까.

나를, 너를, 우리를, 보이지 않는 부분까지 다 볼 수 있도록, 아날로그적 단편 시선을 디지털 시선으로 바꾸어 시력 회복하기. 폐쇄회로 TV(CCTV)를 장착한 눈으로 세상의 마음을 읽어볼까. 비오는 소리, 사뿐사뿐 눈 내리는 소리, 세상의 바람 소리를 놓치지 말아야겠지. 잊지 말아야 할 사람을 떠올리고, 그들이 했던 말을 되새기고, 남이 말을 할 때는 손바닥으로 귓불을 가지런히 모아 청력을 확장하는 일. 갈수록 실언이 잦아지는 몹쓸 습성에는 인공지능 로봇의 도움이라도 받아야 할까 보다.

오작동 차단용으론 그래도 침묵의 두루마리가 최고! 욕구를 둔화시켜 삶의 질은 높이고, 위기는 줄이고, 삶을 푸르게 채색할 두루마리로 도배와 장판을 마저 하면 확 달라 보일 게다.

내 품격의 자산 한도가 그리 크지 않았는데 잠자는 의식을 일깨워 고품격 창조적 변신의 옷을 입은 느낌이다. 욕구를 허문 빈자리에 풀꽃 향기를 담고, 눈부신 햇빛 한 줌 앉히며 풀벌레 소리도 불러온다.

채움과 비움 사이, 이기와 이타 사이에서 불필요한 무게를 줄여 재보수를 한 덕에 창틀 자욱했던 먼지가 사라졌다. 새 틀과 새판을 짰으나 화룡점정은 부실공사로 인한 잦은 보수를 부르지 않는 것이다. 새 틀과 새판의 '새'자는 remodeling의 're' 접두사인 '다시 ~하다'와 같은 각오와 설렘을 담고 있다. 행여 '새'와 '다시' 사이가 삐끗하거나 저릿하고 뻐근하여 또 다른 개조와 맞닥뜨릴 일이 생기면 어쩌나 걱정도 된다. '새, 다시, re'의 단어가 분해, 해체되는 일이 없으면 하는 바람이다.

보여주기가 아닌 소통의 창을 여는 마음으로 건조함을 촉촉이 적셔줄 감성 리모델링을 했다고 P에게 말해볼까. 빙그레 웃으며 박수를 쳐주려나.

러빙핸즈에서 운영하는 문화센터 글쓰기반 지도를 해달라고 부탁받았다. 자격이 되는지 거듭 돌아보고 쑥스러움을 면해야겠다. 재능을 기부하는 연예인에는 못 미치더라도 '러빙 핸즈'를 잡아줄 손이 되면 좋겠다. 그러한 손이 된다면 그곳 사람들, 적어도 P에게만이라도 부끄럽지 않을 수 있을까.

몸을 곧추세운 초록 잎들! 강변을 푸르게 물들이고 흔들리는 바람에 제 몸을 길들인다.

제 4 부

꽃 그림자

밭, 전田이라는 글자를 볼 때면 하나의 가정을 연상하게 된다. 밭을 갈 듯 가정도 잘 경작을 해야 할 대상이라는 생각이 들어서다. 입 구口자 안에는 열 십十자가 들어앉아 있다. 십十은 완성의 숫자이기도 하지만 십자가와도 닮았다. 십자가의 고행과 수난, 참고 견뎌야할 십十의 과보만큼이나 입[口]은 많은 대가를 요구한다. 말하는 인간, 호모 로쿠엔스의 업보다. 가정을 옥토로 가꾸기 위해선 입의 역할이 중요하리라.

꽃 같은 남자, 나무 같은 여자

"왜 주스 뚜껑 제대로 안 닫고 냉장고에 넣었어. 꺼내려다가 다 엎질렀잖아. 뚜껑이라는 뚜껑은 전부 열기만 하면 닫을 줄을 모르니 정말 짜증나."

여자가 얼굴을 붉으락푸르락하며 음성을 높인다.

"왜 또 자질구레한 일을 갖고 바가질 긁어. 대충 하면 되지. 집문서처럼 중요한 것만 잘 챙기면 돼."

삼사십 대쯤 되어 보이는 부부는 내가 옆 벤치에 앉아 있는 것도 의식하지 않고 큰소리로 다툰다.

그 다음날도 똑같은 벤치에 앉아 쉬고 있는데 오륙십 대쯤 되어 보이는 부부가 다투고 있었다. 이번에는 남자가 목소리를 높였다.

"먹다 남은 카레랑 우거짓국을 냉장고에 넣지 않아서 다 상해버렸어. 반찬 다 꺼내 놓고 밥솥을 열었더니 밥도 없어. 그 상황을 한번 생각해 봐. 한두 번이 아니야. 제발 화장실 하수구에 있는 머리카락 좀 쓰레기통에 넣어. 그걸 내가 매일 해야 돼?"

남자가 그 사이 묻어 두었던 불평을 조목조목 늘어놓자 여자가 대꾸한다.

"어휴~ 잔소리 좀 그만해. 남자가 좀 대충대충 넘어가. 가끔씩 잊어버릴 수도 있지 뭐. 그래도 크고 중요한 일은 내가 다 잘 챙겨."

싸우는 소리를 듣고 있자니 삼사십 대 때의 나와 지금의 내 모습을 보는 것 같다. 혹시 내가 말하고 있는 게 아닐까 착각할 정도다. 우리 부부만 그런 게 아니라 사는 모습이 대부분 비슷하고, 사소한 문제들로 다투는구나 싶다. 앞에서 본 삼사십 대 아내는 꼼꼼하고 세심하며 감성적인 면을, 남편은 사소한 집안일은 대충 넘어 가고 크고 중요한 일만 챙기면 된다는 식으로 이성적인 면을 각각 보여주었다. 반면에 오륙십 대 부부의 대화에서는 남자와 여자의 역할이 서로 바뀌어 보였다.

우리 부부가 사는 모습도 해가 갈수록 조금씩 달라진다. 전에는 남편이 들어오는 시간이 조금이라도 늦어지면 무슨 일이 있나 싶어 곧바로 전화를 했다. 그런데 요즘에는 그냥 '잘 들어

오겠지' 하며 전화를 한다는 것조차 잊고 지나갈 때가 많다. 남편 역시 예전과 다르다. 집 밖에 있어도 전화를 하는 법이 거의 없었다. 심지어 미국에 한 달간 연수를 갔을 때도 잘 도착했다는 전화를 하지 않았다. 무소식이 희소식이니 걱정하지 않아도 된다는 식이었다. 그런데 요즘은 가까운 산에 등산을 가도 지금 어디쯤이라고 알리고, 곧 들어가니 걱정 말라며 전화를 한다. 서툴지만 문자까지 보낸다. 나는 좀 남성적이 되어가고 남편은 좀 여성적이 되어 가는 부분이 있다. 무관심이나 편안함이라고 볼 수도 있겠지만, 나는 무디어지고 조금 데면데면해진 반면에, 남편은 섬세해지고 따뜻해졌다고나 할까.

나이가 들면서 남성은 여성적 특질이 강해지고 여성은 남성적 특질이 강해지는 듯하다. 여기에는 여러 가지 요인이 복합적으로 작용하는 것으로 보인다. 카를 융은 남성 속의 여성성을 '아니마'로, 여성 속의 남성성을 '아니무스'로 설명한다. 우리의 무의식에 잠재한 내적 인격이다. 이러한 요소들이 사회화의 과정에서 억압되고 약화되어 심연에 숨어 있다가 어느 순간 밖으로 표출되는 것이다. 게다가 생리적인 호르몬 관계가 함께 작용해서 나이와 더불어 남성적 여성과 여성적 남성의 특질이 겉으로 강하게 드러나게 되는 것 같다. 갱년기를 맞으면서 몸과 마음이 조금씩 변하고 있다. 조물주가 왜 인생 중반쯤에 이런 묘약을 준비했는지 궁금할 따름이다.

서로의 주장을 강하게 펼치며 주도권 싸움을 자주했던 30대. 가시 돋친 말로 상처를 주고받았던 그때를 가끔씩 떠올린다. 돌이켜보면 서로 달라도 너무 달라 한 번쯤은 이혼이란 단어를 생각해 보게 했던, 쓰나미 같았던 삶이었다. 주먹을 불끈 쥐고 얼굴을 붉히기도 했다가, 이불을 뒤집어쓰고 남편에게 나만을 이해해달라고 무언의 신호를 보내며 항의를 했던 그런 때가 있었다. 각을 세웠던 지난한 시간들은 훗날 깎이고 다듬어져 둥글게 바뀔 몸부림이었을는지도 모르겠다. 서로의 까칠했던 흔적을 지워가는 통과의례의 과정이랄까. 이제는 눈빛만 봐도 무슨 생각을 하는지 무얼 먹고 싶은지를 안다.

그러고 보니 부족했던 젊은 날의 시간을 우리 둘은 함께 아우르고 있나 보다. 얼어붙었던 시간이 녹고 캄캄했던 어둠이 밝아지고 성근 땅이 다져진다. 예전과 정반대의 생각과 행동으로, 서로 암묵적으로 '그땐 그랬었지' 하며 이해한다. 순간순간 놓았던 손을 다시 잡는다. 균형 잡는 연습을 하며 시소에 걸터앉는다. 한쪽이 기울어지거나 모가 날 수 있는 부부의 삶, 우리 둘은 시소 양쪽 끝에서 조금씩 안쪽으로 들어오며 평형을 맞추어간다.

벤치에 앉아 대화하던 부부들도 서로 조화와 균형을 맞추어

가는 과정이었을까. 조물주의 조화는 참 신비롭다. 원래의 남성성과 여성성이 새로운 아니마 아니무스와 조화를 이루어 인생 후반부에 새로운 남자, 새로운 여자로 다시 태어나 남은 기간 내내 가슴 두근거리며 살 수 있도록 미리 써 놓은 각본이 아니었나 생각된다. 남편이 새 남자로 보인다. 아내 같은 남편, 남편이 꽃 남자로 보인다.

젊은 날에는 요란한 장대비와 폭설에 익숙했다. 담과 담 사이가 너무 멀었다. 이제 그 높은 담이 허물어지고 있다. 여성의 상징이던 꽃, 남성적 힘과 든든함의 상징이던 나무, 그러나 이젠 꽃 같은 남자와 나무 같은 여자가 하나의 담장 안에서 뿌리를 키우며 인고의 열매를 맺는다. 서로의 심장이 쿵쿵거리는 소리를 새롭게 들을 수 있는 묘약, 아니마와 아니무스가 우리 안에 살아 있다.

늘 그이, 늘 그리운 이

거실 벽에 마른 꽃이 걸려 있다. 물기가 다 빠져나가 가벼워 보인다. 만지면 금방 부서질 것 같다. 차분히 가라앉은 색감이 안정감을 준다. 곱던 시절을 뒤로하며 애써 화려함을 내려놓는다. 겉모습은 시들어 초라해 보이나 지긋한 연륜에서 묻어나오는 내적 아름다움을 지닌, 고고하게 늙어가는 노인의 모습을 닮았다. '늙음'이라는 단어를 생각해 본다.

늙는다는 것은 결코 추해지거나 한쪽 구석으로 밀려나는 것이 아니다. 늙음과 젊음의 경계를 굳이 겉모습과 숫자로 선을 그을 필요가 있을까. 나이가 들었지만 아이같이 순수한 노인, 어리지만 어른처럼 의젓한 아이, 나이든 사람을 녹여낼 만큼 품격을 갖춘 젊은이도 있지 않은가.

훗날, 나이는 많으나 마음은 순수한 어린이 같고 외모는 아이의 눈빛을 한 노인처럼, 겉모습은 시들었으나 내적인 아름다움을 지닌 마른 꽃처럼 늙어가고 싶다.

종교인이자 사회운동가였던 함석헌 옹은 늙은이를 "늘 그이" "늘 그리운 이"로 풀어 말씀하셨다고 한다. '늘 그이'를 곰곰이 새겨보니 늙어가는 것이 싫지 않고 빨리 늙으면 좋겠다는 생각까지 든다. 누가 나를 늙은이라고 부르면 '늘 그이'로 바꿔 들을 것이고, 젊은 날 연애하듯 남편의 그이가 되어 변함없이 사랑을 주고받는 행복한 늙은이가 될 테니까.

'늘 그리운 이'도 그렇다. 생각만 해도 가슴이 설레는, 다정하고 정겨운 말이다. 누군가가 나를 그리워하며 가슴 한 자락에 내 모습을 담고 있다면, 그리워하는 이가 많아진다면 얼마나 행복할까. 늙어가며 누군가에게 '늘 그리운 이' 같은 사람, 연인처럼 가까이 있어도 보고 싶고 어제 봤어도 그립고 내일 볼 것에 가슴 두근거리며 기다려지는 사람, 멋있게 늙어 가는 사람이 되고 싶다.

내가 아는 할머니 한 분은 그다지 건강하지 못하면서 자기보다 더 거동이 불편한 독거노인을 보살핀다. 가끔 반찬을 해다 주고 세수도 시켜준다. 한 할아버지는 좋은 강의를 열심히 찾아다니며 듣고, 정신의 양식을 채우며 아이들에게 동화 구연 봉사도 한다. 독거노인은 그 할머니를, 아이들은 그 할아버지를 늘 기다리며 그리워한다. 일본의 시바타 도요 할머니는 백수白壽에 첫 시집 『약해지지 마』를 펴내 수많은 사람에게 꿈과 희망을 주었다.

저기, 불행하다며/한숨 쉬지 마
햇살과 산들바람은/한쪽 편만 들지 않아
꿈은/평등하게 꿀 수 있는 거야
난 괴로운 일도/있었지만/살아 있어서 좋았어.
너도 약해지지 마

<약해지지 마> 전문

늘그막에 아름다운 시를 노래한 도요 할머니의 주름진 얼굴 자체가 한 편의 시고 마른 꽃잎 같다는 생각을 해본다. 이 할머니야말로 나이와 상관없이 멋지게 살다가 100세에 세상을 떠난 만인의 사랑을 받은 그이, 그리운 이가 되었다.

나는 결혼을 늦게 해서 내 친구들보다 아이들을 훨씬 늦게 두었다. 자식들이 장성해서 출가할 때까지 내 어깨에 짊어진 짐을 가볍게 하고 싶고, 또 남아 있는 높고 험한 산을 훌쩍 넘고 털어버리고 싶어서, 빨리 시간이 가고 빨리 늙으면 좋겠다는 생각을 가끔 해보았다. 자식에 대한 책임을 빨리 벗어버리고 싶은 마음이 컸다. 그런데 벽에 걸린 마른 꽃잎이 빙그레 내려다보며 나를 타이르는 듯하다. '그러지마. 그럴 때가 좋은 거야. 아이들과 아옹다옹하는 것도 행복이야.'

잔주름이 늘더라도 '늘 그이, 늘 그리운 이'로서 늙어갈 수만 있다면, 늙음의 샘물을 마다 않고 기꺼이 마시리라. 마른 꽃잎 사이에서 은은하고도 고고한 꽃 한 송이가 피어난다. "늘 그이" "늘 그리운 이"라는 꽃.

꽃 그림자

하늘이 한바탕 빗줄기를 쏟아 부을 것 같습니다. 마치 눈물이라도 흘리려는 듯 뿌연 구름은 온몸을 흔들며 자리를 옮깁니다. 이런 날이면 선생님이 생각납니다. 내게 수필의 길로 가는 물꼬를 터주고, 잃었던 문학의 땅을 다시 밟게 해주신 변해명 선생님. 무뎠던 감성을 흔들어 주었던 문학의 어머니.

평소에 글쓰기에 대한 열정은 있었으나 어디에 목적을 두고 초점을 맞추어 공부해야할지 갈등할 때, 한 줄기 희망을 주신 선생님. 걸음마를 배우는 아이처럼 선생님의 두 손을 잡고 수필의 무지로부터 조금씩 일어설 수 있었습니다.

그 옛날 선생님과 함께했던 기억의 다리 위에 서 있습니다. 선생님의 손에서 느껴졌던 그 따뜻한 감촉과 미소를 다시 새겨봅니다. 선생님과 동행했던 시간들은 행복했지만 이제 혼자 걷는 길은 참으로 쓸쓸합니다. 그럴 때 선생님이 곁에서 등을 토닥여주시면 얼마나 힘이 날까요. 선생님이 더욱 그립고 보고 싶습니다.

도봉문화원 수필교실에서 뵌 첫 인상은 매우 엄해 보였습니다. 그러나 그것은 주눅 든 학생으로서의 느낌이었을 뿐, 선생님은 자상하고 친절했습니다. 어떤 책을 읽고 어떤 작가를 알아야할지에 대한 방향을 정해주고 훌륭한 작품들을 뽑아 메일로 보내주곤 하셨지요. 함께했던 그 시간들 속에 제 글은 조금씩 모양새를 갖추기 시작했습니다. 선생님의 한마디, 한 문장은 작품으로 성장해 나가는 데 든든한 버팀목이 되었습니다. 슬픈 이별을 하고 가신 지도 어언 5년이 되어 세월이 야속하고 한스럽습니다.

일찍이 하이데거는 "사람은 언젠가 반드시 죽을 것이라는 것을 알지 못한다면 살아가는 것을 실감할 일도 없을 것."이라며 인생의 유한성을 말했습니다. 공간적으로 하늘과 땅 사이에 존재하고, 시간적으로는 누구나 언젠가 죽게 된다는, 무한하지 않은 삶을 말입니다. 그 누구도 이 유한성을 뛰어 넘을 수 없고 주어진 운명을 늘리거나 단축할 수도 없다는 사실이 그저 안타깝기만 합니다.

그렇게 빨리 우리 곁을 떠나실 줄 몰랐습니다. 너무도 황망하여 슬픈 감정을 추스르기 힘들었습니다. 어떤 감정이든 극에 달하면 그에 걸맞은 언어를 찾기가 힘이 드나 봅니다. 다만 죽음이라는 단어만 되뇔 수밖에 없었습니다. 머릿속이 하얗도록 죽음을 관조해보았지만 산 사람은 함께 죽을 수 없다는 것이 섭리이니 이렇게 아무렇지도 않은 듯 살아갑니다. 그러면서 한편으로는, 죽음이란 속박으로부터의 해방이며 영원한 안식이며 영원한 자유의 길이 될 수 있다며 위안을 삼습니다.

항암치료를 하실 때, 짬짬이 시간을 내 4·19공원을 여러차례 함께 거닐면서 활화산같이 뿜어 나오는 선생님의 에너지를 보았습니다. 어쩌면 암이라는 불청객을 몰아낼 수 있을지도 모른다는 희망을 가져보았지요. 이승과 저승의 경계에서도 선생님은 흔들림 없이 작품을 쓰고 싶어 하신 걸 기억합니다. 병고 중에도 오직 한 가지, 글을 써야 된다는 사명감이 마음 한가운데 자리 잡고 있는 것같아 보였습니다. 성당의 종지기는 임종 바로 직전에도 종을 치러 가고 싶을 테고 작가는 몸을 가누지 못하지만 끝까지 정신으로라도 글을 구상하고 싶을 테니 마땅하고 존경스러운 일입니다. 마지막까지 강의를 놓고 싶지 않은 그 삶의 치열함으로 인간의 한계를 뛰어넘을 수 있었다면 얼마나 좋았을까요.

서로 같이 있으나 말을 아껴가며 함께 침묵을 했죠. 침묵으로 스스로를 달래며 깊은 사색으로 괴로움을 이기고자 번뇌하던 그 모습, 그때의 침묵은 아름다웠습니다. 말없음표로 사유하는 삶의 가치를 선생님으로부터 배웠습니다. 그런 기억들이 가끔씩 무디어져가는 제 정신세계를 새롭게, 한층 더 고양시켜주는 듯합니다.

선생님의 가르침을 잊지 않기 위해서라도 열심히 글을 써야겠지요. 그 뜻을 잊지 않겠습니다. 잿빛으로 흐려진 날. 찰나로 이어지는 하루, 마음이 다급해질수록, 느리게, 밀도 있게 살아야겠다는 생각이 듭니다.

우이동 자택, 정원에 핀 아름다운 꽃들을 기억합니다. "꽃은 어떤 색이든 그 그림자는 검다."던 그 말씀도 기억합니다. 일러주신 삶의 진리를 수용하며 내내 문학으로 노래하겠습니다.

발자크의 커피별장

골목길에 카페가 즐비하다. '커피 향과 늘 푸름이 나를 안아주는 카페, 봄'을 지나 간판을 하나씩 읽으며 간다. '베이글 카페' '달달 카페' '포르떼 에스프레소' 이름으로만 보면 서구에 온 듯하다. 모퉁이에 '발자크의 커피별장'이 있다. 부모 사랑을 받지 못한 발자크에게 따뜻함을 선사할 것 같은, 동화 속 그림 같은 집, 한스카 부인을 사모했던 대문호의 그리움이 피어오를 것 같은 카페 전경이다. 동네 카페 스케치를 하는 중 네댓 개를 지나다 내 마음은 그만 이곳에 붙들리고 만다.

동네뿐만 아니라 지금까지 본 카페 이름 중 가장 맘에 든다. 주인이 프랑스 문학을 전공했을까, 발자크의 작품을 좋아할까. 단 하루도 블랙커피를 마시지 않고 살 수 없었던 발자크. '커피 중독자, 커피 마니아'라는 말은 당연히 발자크의 특

허쯤 되리라. '발자크의 커피별장' 주인은 발자크가 하루에 60잔 가량의 커피를 마시며 16시간씩 글을 썼다는 얘기를 알고 있나보다. '커피 칸타타'를 작곡한 바흐도 울고 갈만큼 발자크의 커피 사랑은 그의 전 생애를 말하고 있지 않은가.

젊은 시절, 모든 것을 헌신하고 노년에 자식들에게 배신당하는, 순수와 비순수의 세계, 당시 자본주의 사회의 비극을 이야기하는 『고리오 영감』은 19세기에 쓴 소설이지만 21세기 독자들에게 큰 공감을 얻는다. 이를 비롯해, 90여 편을 묶어 만든 걸작 『인간희극』을 써 내기까지 일등공신이 바로 커피라는 것. 커피별장으로 한 발자국 더 다가선다.

폴란드 백작부인 에블린 한스카를 사모하고 그리워하며 평생을 보낸 남자. 새로운 삶의 모티브를 주고 사랑의 수호천사쯤 되었을 그녀! 어두운 어린 시절, 살았으나 죽은 것같이 살았던 발자크에게 포근하고 생동감 넘치는 둥지를 만들어 준 그녀에게 사랑 고백을 담은 수많은 편지를 묶어 사후에 발표한 「이국 여인에게 보낸 편지」도 빼놓을 수 없다. 제목만 들어도 로맨틱하고 에로스적 감성이 살아나 느슨한 세포를 하나하나 세워줄 것 같다.

가장 특별하고 가장 필요한 여인에게 편지를 보내며 그는 커피와 함께 창작 혼을 불태우지 않았을까. 인쇄업 실패로 진 빚을 갚기 위해 글을 써, 요즘 말로 감정 노동자, 소설 노동자 1호쯤 될만큼의 불명예도 얻었지만 첫눈에 반할만한 그녀가 없었더라면 발자크가 세계적인 대문호의 명성을 얻었을까. 그녀의 사랑을 얻을 때까지의 기다림이란! 이슬을 머금고 잎을 살짝 벌린 꽃잎이 새하얀 편지지 위를 날아다니는 상상이 몰려온다. 펜 끝의 마술로 그녀의 마음을 움직이기까지 사랑의 한계를 넘어 한 인간에 대한 신비적 감정을 갖지 않았을까. 텅 빈 가슴에 포르르 날아들었다가 다시 날아가 버릴지라도 그에게 한스카 부인은 분명 갈망이고 외로움이고 그리움과 애틋함이었을 것이다.

마침내 이국 여인인 한스카와의 사랑을 얻어 결혼을 하지만 삶이 아이러니하다고 했던가. 이국 여인에게 사랑고백도, 짧은 행복도, 커피가 있어 가능했지만 신은 그를 카페인 과다중독에서 구하지 못했다. 오랜 기간 갈구했던 사랑을 이루고 난 뒤 5개월만 행복을 허락했으니. 커피에 살고 커피에 죽은 셈이다.

혹시 카페 주인이 남자라면 발자크 같은 문학성이 있을 테고, 여자라면 발자크로부터 사랑받는 여인이 되고 싶어 하는 사람이 아닐까, 헛된 상상을 해본다. 오후의 따스한 햇살 아래, 카페 앞 가로수가 그림자를 길게 드리우며 나를 이끈다. 카페 문을 연다.

여주인이 반긴다. 살짝 웨이브가 들어간 단발머리가 단아하다. 정면에 해바라기 꽃 그림과 자전거 타는 연인들의 그림 몇 점이 걸려 있다. 커피 한 잔을 주문하며 발자크를 잘 아느냐고 물으니 커피 광 정도로 안다고 했다.

분위기로 봐서 카페 주인은 문학과 커피에 푹 빠져 살 것 같은 이미지다. 이미지는 이미지일 뿐. 예쁜 잔에 푸짐한 커피 한 잔과 초콜릿 하나로 만족했다.

"악마와 같이 검고, 지옥과 같이 뜨겁고, 천사와 같이 순수하며, 키스처럼 달콤하다." 탈레랑이 한 커피예찬도 발자크를 위해 한 말이 아닌가 싶어 이 구절을 카페에 붙여놓으면 어떻겠느냐는 말이 목구멍까지 올라온다. 이 카페에 딱 어울릴 듯한데 그만 이 말의 매력에 내가 빠져든다. '검고, 뜨겁고, 순수하며, 달콤한' 이 커피에 나 또한 중독되어 상상 속의 '이국 남자에게 보낼 편지'라도 남길 수 있으면 얼마나 좋으랴. 커피에 섞인 유려한 문장들이 가슴속에 피어날 것 같다.

남자 한스카를 상상해본다고 죄가 될까. 발자크의 외로움과 그리움을 불러와 본다. 습기 먹은 눅눅한 외로움. 우수에 젖은 한 송이 꽃을 향한 그리움. 발자크식 표현으로 "발랄한 욕망의 빛"을 과감하게 내 보일 수 있는 외로움과 그리움을 합주하고 싶다. 아스라이 펼쳐진 광대무변의 모래밭에 편지를 써 변주하고 싶다. 외로움과 그리움이 한 송이 꽃으로 육화된다면 얼마나 화려하고 찬란할까. 화려함과 찬란함은 슬픔과 외로움의 또 다른 언어일 게다. 발자크의 삶이 이렇지 않았을까. 커피는 그에게 삶의 완성이고 소멸이리라.

카페를 떠나기 전, 밥 딜런의 "커피 한 잔 더 (One More Cup Of Coffee)"가 애잔하게 흐른다. 나도 '커피 한 잔 더' 주문해 들고 나선다.

선인장의 노래

딱딱하게 굳은 땅, 척박하고 황량한 대지에 마른 바람이 분다. 숨쉬기조차 힘들다. 생기라고는 찾아볼 수 없는, 축 처진 모래사막에서 지쳐 쓰러지고, 일어서기를 반복하는, 꼿꼿한 생명체가 꽃을 피웠다. 사막의 꽃, 선인장의 강인한 모습이다. 선인장이 꽃을 피우는 것은, 척박함 속에서도 생명에 대한 열정과 사랑과 기다림이 있어서 가능하다. 열정을 밑그림으로 하고, 사랑으로 풍경을 그리고, 기다림으로 갈무리해 온 선인장 같은 삶을 사신 분, 프랑스인 엘렌 르브랭 교수님!

1980년대, 우리나라에서 외국문학 전공자가 원어민 교수와 공부를 한다는 건 흔한 일이 아니었다. 그것도 4년 내내 배울 수 있었으니 내겐 커다란 행운이었다. 자그마한 체구, 굵은 웨이브의 갈색 머리, 깔끔하고 단정한 정장 스타일, 무엇보다 번

뜨이는 지성미와 혼신의 힘을 다한 열정적 강의가 단연 매력 포인트였던 교수님이다. 그 지성은 선인장의 가시처럼 예리하고 날카로웠다. 가시 이면에 숨은 아름다움은 은은하고 부드러웠다. 무엇보다 강렬한 태양의 열기, 열정, 의지의 초인 같은 이미지는 아직도 변함없다.

초, 중, 고 12년 동안을 돌아봐도, 그렇게 열정적으로 강의를 한 선생님은 없었던 것 같다. 대학교 1학년 때, 프랑스어로 된 문장 하나 몰랐던 내가 흥미를 갖고 빠져든 이유였다. 4년간 프랑스어로 선생님의 강의를 들으며 내가 꿈꾸던 교사상을 확립하는데 적지 않은 영향을 받았다. 한 명 한 명 개개인의 개성을 존중하고 사명감과 소명의식을 특히 강조하셨기에 나는 그 비슷한 흉내라도 내어보리라 다짐했다. 그때마다 교수님은 늘 나와 함께했다.

한 명의 제자와의 관계도 매우 소중히 여겨, 졸업 후 내가 프랑스어 교사로 근무하던 학교에 와서 수업참관까지 하고 여러 조언을 아끼지 않으셨다. 그 정성은 지금도 내 가슴에 귀한 추억으로 남아 있다. 내가 교단에 서 있었을 때, 내 삶의 길잡이가 되어준 나침반과 같은 존재였다.

대학교 강의를 통한 가톨릭 선교를 목적으로 우리나라에 오신 분이다. 교수님은 프란치스코 하비에르 성인의 정신을 본받고 실천하는 수도단체에 몸담고 있다. 그 본원은 프랑스에 있다. 스스로 택한 고행지로서의 한국은 사막처럼 낯설고 물설었을지도 모른다. 그럼에도 수도원 안에서만 기도하지 않고 세상 속에서 교육 사업을 통해 선교를 한다.

수도복을 입지 않아 선뜻 다가가기가 어렵지 않았다. 곁에서 보면 사막에서 뿌리를 내리는 선인장을 닮았다. 메마른 대지와 드높은 창공 사이에서 꽃을 피우려는 의지를 읽게 된다. 그 고된 과정을 지켜보며 나도 꽃을 피울 수 있을까 안간힘을 썼지만 이내 주저앉고 말았다. 그저 먼발치에서 흠모할 수밖에 없었다. 그 힘은 내 미약한 신앙심에 주춧돌이 되어 곤고히 나를 지탱해 주며 오늘에 이르렀다.

김치와 된장과 함께한 세월도 어느덧 36년째가 되었다. 몇 달 전 폐렴과 천식으로 중환자실에 입원하셨다는 연락을 받고 달려갔다. 제자들이 교대로 병실을 지키며 간호를 했다. 타국의 병실에서 얼마나 외로우실까. 통증을 내색하지 않고 아픈 데가 없다며 퇴원을 자꾸 서두르던 교수님. 그럴수록 마음이 아팠다.

그 이후로, 훌륭한 제자노릇은 못해도 이따금씩 좋아하시는 삼계탕을 함께 먹으며 추억을 얘기하는 것은 새로운 즐거움이 되었다. 그래도 교수님의 허전함을 달래드릴만큼 자주 만나 뵙지는 못한다.

내가 연로하신 시아버님을 보살펴야 할 처지가 되어 한참 잊고 지내다 교수님의 건강이 또다시 좋지 않다는 소식을 들었다. 마음만 조급할 뿐, 시간을 자주 내지 못해 더욱 짠하다. 내 염려는 그저 염려에만 그친다. 아마 지금 이 순간도 교수님은 쇠약해진 몸으로 수도단체가 운영하는 국제학교에서 바깔로레아(대학입학 자격고사) 준비반을 위한 문학 강의에 열성을 다하실 게다.

물 없이도, 누구의 관심과 보살핌이 없어도, 쉼 없이 태양이 내리쬐어도 선인장은 노래하리라. 사랑으로 피운 꽃송이로 헌신하며, 주님, 당신을 찬미하리라.

입실 완료

둘째 아이의 대입 수능 시험일이다. 첫 아이 때와는 달리 긴장감이 크지 않았고 집에서 고사장까지 택시로 10분 남짓한 거리라 좀 여유를 부렸다. 고사장 입실 완료 1시간 전에 출발하면 되리라 생각했다. 그런데 이게 웬일인가. 도로가 주차장이 된 것처럼 차가 움직이질 않았다. 입실 완료 30분 전이다.

바깥 상황을 보니 시간 내에 도저히 갈 수 없을 것 같았다. 백차나 퀵 서비스를 부르는 것도 여의치 않았다. 아이의 일생에서 처음으로 맞는 큰 관문 중 하나인 대입 시험을 못 치를 수도 있겠다는 생각에 심장박동이 빨라졌다. 불안하고 당황해서 숨이 막힐 듯했다. 택시에서 내렸다.

아이랑 둘이 학교까지 전심전력을 다해 뛰었다. 수능한파로 아침 바람이 살을 에는 듯했다. 추위도 아랑곳하지 않고 초인

적인 힘으로 달렸다. 살면서 그렇게까지 절박한 적은 없었다. 나보다 더 다급한 쪽은 아이였다. 나는 아이의 속도를 따라갈 수 없었고 아이는 벌써 모습이 보이지 않았다. 우리는 다행히 입실 완료 10분 전에 도착할 수 있었다.

택시에서 내려 달리지 않았다면 어떻게 되었을까. 나의 판단 실수로 아이는 닫힌 문 앞에서 망연자실하여 절망에 빠졌을 게다. 그 일로 아이의 진로에 금이 간다면 나는 평생 죄책감에 시달려야 했을지도 모른다. 가슴을 쓸어내리며 교실에서 헉헉거릴 아이를 생각했다. 한참동안 교문을 떠나지 못하고 서성거렸다.

오로지 입실을 완료했다는 사실에 감사하는 마음만 들었다. 둘이 한 마음이 되어 달리던 모습을 떠올리며 내 아이의 엄마라는 사실에 눈시울이 뜨거워졌다. 그렇게 잘 달리던 아이의 뒷모습이 어찌나 커 보였던지 대견스러웠다.

시험지를 앞에 놓고 힘든 시간을 보낼 아이를 생각하며 곧장 성당으로 갔다. 수험생들을 위한 백일기도 마지막 날이었다. 1일 피정에 참가했다. 미사 후 일행과 함께 십자가의 길을 따라 묵상했다. 1처에서 14처까지 담긴 모든 메시지에 마음이 울컥했다.

심판대에 서 있는 아이들, 저마다 무거운 십자가를 지고 있는 아이들, 그동안 선생님이나 부모로부터 알게 모르게 공부하라는 다그침을 받았을 아이들의 모습이 스쳐 지나갔다. 십자가 길에서 예수님을 채찍으로 마구 때리며 재촉했던 병사들, 그 중의 하나가 나 아니었을까. 십자가의 길을 걸으며 많은 엄마들이 눈물을 흘렸다.

낭송자가 선창하는 메시지에는 엄마들에게 던지는 질문이 담겨 있었다.

"아이들의 장래를 생각하기보다는, 아이가 시험을 잘못 치러 이웃에 창피를 당하면 어쩌나 하는 생각을 먼저 하지는 않았는가."

"내 아이가 공부를 잘해 다른 사람들이 부러워하는 아이가 되기를 원하는 부모가 아니었는가."

되묻는 대목에서 모두 숙연해졌다. 그동안 내가 아이에게 짊어지웠던 허상, 그 허황된 걸림돌이 주춧돌로 다져지기를 기도했다. 경쟁의식을 부추기며 남보다 우뚝 서기만을 갈망하고 칭찬에 인색하지는 않았던가. 오늘 아침 날씨만큼이나 얼어붙었던 찬 기운을 감사의 기운으로 녹여달라고 마음속으로 빌었다. 아이가 심판대에서 내려와 집으로 돌아오면 내 가슴에 포근히 쉴 수 있는 휴식처가 되어 주리라 다짐하며 성당을 나왔다.

아이가 시험을 치고 파김치가 되어 돌아왔다. 통과의례를 무사히 마치고 온 아들이 갑자기 성인이 된 것처럼 의젓해 보였다. 결과와 상관없이 나름대로 최선을 다했다면 '진인사대천명盡人事待天命'의 마음으로 기다려야하지 않을까.

우리는 살아가면서 뜻하지 않게 닫힌 문 앞에서 서성거려야 할 때가 많다. 문이 영영 열릴 것 같지 않아 두려울 때도 있다. 그러나 그 문을 여는 것은 결국 자신이며 열쇠도 자신이 쥐고 있다. 세상을 향해 뚜벅뚜벅 걸어가는 아들의 뒷모습을 그려보며 말하고 싶다.

'우리는 미로와 같은 인생길에서 수많은 방을 통과해야 한다. 너의 앞길에는 아직도 취직이나 결혼 등 수많은 방이 기다리고 있다. 네가 그 방의 문을 하나씩 잘 열고, 오늘처럼 무사히 입실을 완료하기를 바랄 뿐이다.'

조각 이불

여름 이불을 정리하여 장롱에 넣는다. 낡아서 버릴 때가 된 이불 하나를 놓고 버릴까 말까 망설인다. 여러 개의 자투리 천으로 만든 조각 이불이다. 대학 선배의 어머니가 만들어서 바자회에 내어놓았던 이불이다.

선배의 어머니는 위암과 폐암에 이어 자궁암 수술까지 받은 분이다. 그렇게 고통스러운 수술을 연달아 받고나서 바느질을 소일 삼으며 마음을 다잡았다고 한다. 집근처 재래시장에 다니며 한복집에서 자투리 천을 얻어와 이불이나 버선, 복주머니 등을 만들어 이웃에 선물을 하거나 기관에 기부를 하는 것으로 낙을 삼았다.

얼마 전엔 개성공단에 버선을 선물한 적도 있다. 공단 근로자들이 발이 시려 화장실에 걸어 놓은 타월을 가져다 발밑에

깔고 일을 한다는 소식을 들은 어머니는 손수 만든 버선을 근로자 수만큼 보냈다고 한다. 양로원과 무료급식소 같은 곳에도 손길을 보냈다. 시들어가는 들풀처럼 기운 없고 의지할 데 없는 사람들에게 촉촉한 온정으로 생기를 불어 넣었다. 외국인들에게는 복주머니를 주면서 문화 전도사 역할까지 하고 성당이나 학교 바자회에도 많은 물건을 기부하곤 했다. 그중 시원한 여름 이불 하나가 나와 인연을 맺었다.

이불을 덮으면 피부에 닿는 까칠한 촉감이 무척 시원하고 상쾌하다. 겉감은 나달나달할 정도로 다 해졌다. 그런데도 투병 중인 몸으로 만든 어머니의 정성을 생각하니 버릴 수가 없다. 아쉬움에 쳐다보고 또 쳐다본다. 보라, 노랑, 분홍, 하양이 꽃 모양으로 조화를 이루고 있다.

제일 먼저 눈에 띄는 것은 보랏빛 잔대 꽃이다. 꽃대는 종 모양의 꽃송이 여러 개를 앙증맞게 매달고 있다. 우아한 듯, 낭창한 듯, 나비가 나풀나풀 날아들 것만 같다. 딸랑딸랑 종소리도 들릴 것 같다.

보랏빛 조각 옆에는 달맞이꽃이 함초롬히 고개를 내밀고 있다. 밤의 은총을 듬뿍 받고 새벽이슬을 마신 듯, 꽃대 하나에 황금색 꽃이 풍성하게 피어 있다. 달을 맞아 어둠을 환히 밝히는 꽃. 아침이면 눈을 감고 다른 사람을 위해 기도하는 꽃이다. 어머니가 조각 천을 형형색색 이어 박을 때도 그러한 마음이었으리라. 어머니의 기도가 달맞이꽃 향기가 되어 코끝을 적신다.

보라와 노랑 사이에는 연분홍 바늘꽃이 다소곳하게 자리를 잡고 있다. 쉴 새 없이 피고 지며 생명을 이어가니 꽃밭의 제왕이라는 이름도 얻는다. 햇살이 내리쬐는 곳이면 어디서나 오롯이 핀다. 뾰족하고 날카로울 것만 같은 이름과 달리 꽃잎은 사랑스러운 여인을 닮았다. 어머니는 모든 통증을 뒤로하고 저 바늘꽃을 꿰매며 벌이라도 부르고 싶었을지 모른다. 뻐근한 어깨와 끊어질 듯한 허리를 두드리며 쪼그리고 앉아, 한 땀 한 땀 바느질에 손가락을 찔리며 바늘꽃을 이어갔을 어머니의 인내가 강하고 숭고하다.

보라와 노랑과 연분홍의 가장자리에서 순백의 딸기 꽃이 속살거린다. 작고 하얀 꽃송이들이 때 묻지 않고 순진무구한 아기 같다. 캄캄한 어둠 속에서 더욱 잘 도드라지는 하얀 색, 아픔의 세월을 견디며 피어난 순백의 꽃들이 활짝 웃고 있다. 주어진 삶을 긍정적으로 받아들여 암을 이기고 아기처럼 환히 웃는 어머니를 보는 듯하다.

작고 모가 나서 쓸모없는 조각들도 서로 이어지면 꽃동산이 된다. 나의 한 조각과 너의 한 조각이 서로 합쳐지면 벌과 나비가 날아드는 무경계의 들판이 된다. 무생명의 조각들이 생명의 꽃으로 살아나는 이불을 한 겹 한 겹 반듯하게 접었다. 한참동안 품에 안고 있다가 내년 여름을 기약하며 다시 장롱에 넣었다.

선배의 어머니는 수술 후 10년 이상 하루도 빠짐없이 성당에 나가며 아직도 건강한 모습으로 조각 이불을 만든다.

이 조각 이불을 덮고 자면 조각배가 바다를 항해하듯 나도 세상의 어떤 파고와 아픔을 헤쳐 나갈 수 있을 것만 같다. 살아가면서 하나의 천 조각이 아닌 조각 이불이 되어 봉사와 희생을 실천하라는 말씀이 배어 있기도 하다. 인생의 향기와 묘가 담긴 조각 이불을 내 장롱에 오래오래 넣어두면 내 삶에도 향기가 스며들 거라고 최면을 걸어본다.

조각 이불은 잔대의 꽃이고, 달맞이꽃이다. 분홍 바늘꽃이요, 딸기 꽃이다. 이런 꽃모습을 닮은 어머니에게 무언의 기도를 드린다.

호모 로쿠엔스

밭, 전田이라는 글자를 볼 때면 하나의 가정을 연상하게 된다. 밭을 갈 듯 가정도 잘 경작을 해야 할 대상이라는 생각이 들어서다. 입 구口자 안에는 열 십十자가 들어앉아 있다. 십十은 완성의 숫자이기도 하지만 십자가와도 닮았다. 십자가의 고행과 수난, 참고 견뎌야할 십十의 과보만큼이나 입[口]은 많은 대가를 요구한다. 말하는 인간, 호모 로쿠엔스의 업보다. 가정을 옥토로 가꾸기 위해선 입의 역할이 중요하리라.

부부가 싸우지 않고 살아가기란 쉽지 않을 것이다. 우리 부부도 가끔 티격태격하는데 그 대부분이 말로 인해 빚어진다. 일전에 남편과 극장엘 갔을 때도 영화를 보는 내내, 그리고 영화를 보고나서도, 마음이 개운치 않았다.

닉과 에이미는 파티에서 만난다. 그 순간, 그들은 사랑의 콩

깍지로 눈이 먼다. 워낙 단단하여 누구도 벗길 수 없을 만큼 완벽한 콩깍지 커플이다. 그러나 둘 사이에 돈, 불신, 거짓이 개입되면서 입씨름이 벌어진다. 급기야 결혼 5주년 기념일에 에이미가 갑자기 사라진다. 유명인사였던 그녀가 사라지자 세상은 실종사건으로 떠들썩해진다. 언론은 그녀가 살해되었다고 보도하고 경찰은 닉을 용의자로 주목한다. 스릴러 영화 〈나를 찾아줘〉의 스토리다. 원제는 〈Gone girl〉, '사라진 여자', '사라진 아내'다.

사이코패스 같은 섬뜩함만 빼면 영화 주인공들의 싸움은 우리 부부와 비슷한 점이 있다. 사건 추리에 기반을 둔 영화지만 나는 보는 내내 싸우는 부부에 초점을 맞추며 따라갔다. 보편적 부부의 삶을 적용하기에는 많은 무리가 있지만 장면마다 나의 결혼생활을 대비해 보았다.

우리 부부 사이에서 달콤함이 사라진 건 첫 아이가 태어나면서부터다. 첫 아이 탄생에 대한 기쁨이 물론 컸지만 양육 방법에서 관점의 차이가 컸기 때문이다. 내가 아기 옷을 예쁘게 입히려 하면 남편은 편하게 입히길 원했다. 아기를 아기침대에 따로 눕히느냐, 부부침대에 같이 재우느냐 하는 것 등 사소한 문제들이 우리를 미로에서 헤매게 했다. 작은 파도에 폭풍우가 겹친 듯 갈등이 커져 아기를 업고 비를 맞으며 집을 나간 적도 있었다.

육아 경험이 없는 나는 책에서 일러주는 대로 완벽하게 해야 한다고 주장했고, 남편은 조금 융통성을 살려 어느 정도 원칙에 준하면 된다고 했다. 어떤 면에서는 터무니없을 만큼 감성적인 모성, 다소 겨울 빙벽 같은 이성적 부성과의 대립이었다. 서로 자기주장만 할 줄 알았지 상대방을 이해한다는 생각은 부족했다.

지금 생각해보면 하나의 가정이라는 밭을 경작하기 위해 참고 견뎌야 할 십은 작았고 입만 커서 호모 로쿠엔스의 부정적 측면이 더 컸다. 절대불굴의 원칙 고수와 이기적 본성만 있었고 소통의 기술은 없었다. 신혼 초에 꿈꿨던 유토피아, 가정의 텃밭을 지상의 낙원으로 만들기에는 미흡한 점이 많았다.

말을 잘못해서 고통을 겪는 인간, 고난의 무게를 피할 수 없으리라. 모든 분쟁의 씨앗이 바로 그 입이라는 것. 입의 오작동, 오발탄으로 인해 폭설에 한파가 겹치고 쓰나미에 지진이 잇따른 꼴을 여러 번 경험해 보았으니 할 말도 많으나 그 또한 자제해야 하리라.

언어야말로 인간 사회에 무한한 발전을 가져온 동력이지만 바벨탑의 단죄도 있었음을. '말'과 '고난'은 뗄 수 없는 관계.

말! 너로 인해 영광보다는 고난의 지름길로 들어설 때가 더 많았다고 푸념한 적이 한 두 번이 아니었거늘…. 영화를 보는 내내 밭 전田, 이 글자가 줄곧 꼬리를 물었다. 삶이 삐걱거리는 단초는 결국 '말'이다.

높은 톤과 뾰족한 각을 세운 언어, 촌철직설이 일상화된 언어, 이성보다 감정이 우세한 언어, 이는 모두 우리가 가꿔 가야 할 공동 텃밭을 훼손하는 칼이다.

부부의 밭을 경작하는 데는 관계의 묘가 필요하다. 나의 경작방법만 강요하는 일방통행은 상호충돌과 단절을 불러온다. 말의 관계도 각을 세운 직선보다 곡선, 위로 볼록하거나 아래로 볼록한 포물선형이 나을 것 같다. 물론 포물선 중간에 세로로 직선을 그었을 때 좌우 대칭은 유지되어야 하리라. 평등관계에서의 조화다. 이것이 어긋나거나 대칭에서 멀어지면 궤도를 이탈한다. 둘이 함께 경작하여 양질의 수확을 보장할 수 있는 땅을 버려진 사막으로 파탄 낼 수는 없는 일. 그러나 알면서도 실천하기 어려운 것이 한계다.

이제 베테랑 부부가 될 만한 나이인데도 불구하고 우리 부부는 영화를 본 그날도 궤도를 이탈했다. 영화를 본 후, 잠시 한눈을 파는 사이 서로를 놓쳐 버리고 말았다. 그날따라 휴대폰도 놓고 나가 둘 다 한참 동안 엇갈린 길에 서 있었다. 나는 극장 앞에서, 남편은 주차장에서 기다리다가 결국 큰소리를 냈다. 그 일로 며칠 동안 냉전을 했으니 두 손 잡고 영화관에 간게 무색할 지경이었다. 아직도 부정적 언사에 치우쳐 길을 잃을 때가 종종 있다.

신이여, 앞으로도 입은 작동할 테고 싸움은 끝나지 않을 것 같습니다. 다만 싸움도 품격 있는 지적놀이로 격상시킬 수는 없는지요. 기상천외한 묘수를 부탁하오니 거절은 말아 주세요.

입은 부디 각고면려刻苦勉勵하여 용도폐기 직전인 부부관계 지침서에 충실하고, 부부의 연을 이어가 '나를 찾아줘'가 아니라 '우리를 찾아봐'에 더욱 만전을 기하도록 : 언어의 톤은 낮출수록, 언어의 각은 둥글게 다듬을수록, 촌철직설 언어는 부드러운 은유로 묘사할수록, 언어의 모양은 진솔한 입술로 만들수록 입 구口자의 그 입은 고통의 감옥에서 해방되리라.

그리고 10년 후

2026년의 하루를 상상해 봅니다. 집 안에는 머리부터 발끝까지 내 일을 해 줄 로봇들이 대기하고 있습니다. 나는 남편과 다섯 로봇들과 같이 삽니다. 머리 역할을 해주는 로봇의 이름은 '로봇+브레인'을 뜻하는 '로레인'입니다. 나머지 넷은 로봇의 앞 글자 '로'에다 '희로애락'을 붙여 각각 '로희, 로로, 로애, 로락'입니다.

새벽 5시, 알람이 울립니다. 내가 일어나면 로레인은 알람 정지 버턴을 누릅니다. 로희와 로로는 나의 얼굴을, 로애와 로락은 남편의 얼굴을 씻겨줍니다. 그리고 로레인은 성경과 돋보기를 갖다줍니다. 성경 읽기가 끝나면 혈압과 기초 건강상태를 체크하며 정상과 비정상을 구분해줍니다. 현미 콘프레이크와 신선한 과일, 요플레로 아침을 간단하게 준비해줍니다.

오전 8시, 나는 신문을 읽고 로희, 로로, 로애, 로락은 집안일을 시작합니다. 둘은 청소기를 돌리고 둘은 세탁기를 돌립니다. 뚜뚜뚜뚜 신호가 울립니다. 로레인은 운동할 시간이라며 남편과 나에게 발목 펌프 운동 기구를 갖다 줍니다. 그리고 버튼을 누릅니다. '주인님, 환영합니다.' 기계가 반색을 하며 숫자를 세기 시작합니다. 각각 600번을 다하면 이번에는 홈쇼핑 TV채널을 켜줍니다. 내가 다른 것을 보고 싶다는 말이 끝나자마자 여행채널을 켜주고 곧바로 영화 한 편을 틀어줍니다.

정오입니다. 희로애락은 현미밥과 신선한 야채샐러드, 생선구이와 카레, 소고기 백국을 끓이며 점심 준비에 바쁩니다. 밥숟가락 놓기가 무섭게 우리를 바깥으로 내몹니다. 아직 다리가 떨리지 않으니 등산을 가라고 합니다. 남편은 산으로 가고 나는 수필을 쓰겠다며 노트북을 폅니다. 로레인은 내 옆에서 이런저런 팁을 말해줍니다. 손끝으로 세상 이야기를 쓰지 말고 가슴으로 써 보라고 합니다. 획일화된 패턴을 벗어나 산골에서 파스타를 주문하듯이 생각을 뒤집어 보라는 말도 합니다. '그리고 10년 후'라는 제목으로 글을 씁니다.

〈그리고 10년 후〉

2036년의 하루, 곧 휴가철입니다. '열심히 일한 당신 떠나라'라는 말이 유효할까요? 글쎄요. 인공지능[Artificial Intelligence] 로봇이 인간의 일을 빼앗아 간 나머지 할 일이 없는 직장인들은 말합니다. 휴가가 지겹다. 일 좀 해봤으면 좋겠다. 언제 일터로 돌아가지? 학생들은 AI와 홈스쿨링을 하니 학교 갈 필요가 없습니다. 늘 방학이나 다름없죠. 특별한 행사가 있으면 어쩌다 한 번 갑니다. 직장 출근과 등교를 해보기 위해 앞 다투어 제비뽑기를 합니다. 경쟁은 2016년의 공무원 시험보다 더 치열합니다. 당첨된 사람들은 복권을 쥔 것보다 더 큰 행복을 누립니다. 그뿐일까요?

AI 덕분인지, AI 때문인지 사람들은 손가락 끝으로 지시만 하고 움직이지 않습니다. 살만 찝니다. 뚱뚱한 사람들의 세상이 되겠죠. 비만이 대세라 뚱뚱해지기 위해 성형까지 합니다. 전신 보톡스 주입이 인기입니다. 뚱뚱한 지인 한 분이 늘 보통 사이즈인 나를 부러워했는데 이제는 내가 그녀를 부러워하게 됐습니다. 유행 따라 미녀의 기준도, 남자들의 시선도 바뀌어 10대부터 90노인까지 어떤 여자가 좋으냐는 질문에 "예쁘고 날씬한 여자가 아니라 예쁘고 뚱뚱한 여자"라고 답합니다. 성형외과가 문전성시를 이루지만 로봇 버튼과 컴퓨터 자판, 스마트폰 누르기에 충성을 다한 나머지 엄지를 비롯한 손가락 끝 마비환자 때문에 외과나 물리치료실도 인기 대박이에요. 로봇과 스마트폰 중독 증상 재활원도 만만치 않아요.

상전벽해는 뽕나무밭이 푸른 바다로 바뀐 것이지만 인간의 세상이 AI세상으로 바뀐 결과에도 어쩔 수 없이 예스 예스를 합니다. 로봇은 날마다 진화 중에 있고 인간을 좌지우지하는 치명적 존재, '로봇 파탈'이라는 말도 공공연하지만 부정 속에서도 긍정을 끌어낼 수도 있어요. 한편으론 공평하다는 생각도 듭니다.

돈 있는 사람들만이 휴가를 가던 세상, 예쁘고 날씬한 사람만이 대접 받던 세상이 뒤바뀌지 않았느냐 이 말입니다. 그러고 보니 생각이 자꾸 꼬리를 뭅니다. 강남과 강북의 위상도 바뀌어갑니다. 일거리가 없는 세상에 높은 빌딩과 사무실이 무슨 소용이 있겠느냐 이 말입니다. 굳이 강남으로 몰릴 이유가 없지 않습니까. 비싼 곳에 머리를 눕힐 이유가 없으니 모두 강북으로 대이동을 합니다. 강북 땅값이 꿈틀대다 못해 흔들리며 치솟습니다. 강북에 살고 있는 나로서는 상상이 자꾸 신바람을 몰고 옵니다.

상상의 바다가 점점 깊어집니다. 부풀린 언어가 깊은 바다를 유영합니다. 깊고 넓은 바다에서 보석을 찾으려다 빠질까 봐 겁이 납니다. 몸을 사려야 할까 봅니다. 일단 초안으로 이정도

써 놓고 차츰 퇴고를 할까 합니다.

남편이 문 여는 소리가 들립니다. 상상의 세계에 빠져 있는 동안 벌써 저녁 먹을 시간이 되었나 봅니다. 희로애락을 부릅니다. '얘들아, 배고프다.'라는 말이 떨어지자마자 음식이 나옵니다. 현미밥에 콩을 넣었네요. 순두부찌개에 장조림, 김치와 계란찜, 오리고기와 상추쌈까지.

군침이 돌아 허겁지겁 먹으려다 잔소리를 듣습니다. 천천히 백 번씩 씹어 먹으랍니다. 내가 로봇에게 휘둘린다 싶어 한마디 했지요. '까딱 잘못하면 백 살까지 사는데 빨리 먹어서 일찍 죽으면 행운이지. 좀비 같은 모습으로 오래 살아 뭐하냐.'고 했더니 이번에도 그냥 넘어가지 않고 일장 연설을 합니다. 훈계와 잔소리를 듣다보니 잠자리에 들 시간이 되었습니다. 침대에 드러누워 곰곰이 생각해 보았습니다. 로봇 도우미 덕분에 삶이 편해졌으나 주객이 바뀌는 상황이 자주 일어납니다. 로봇과도 갈등이 생깁니다. "타인은 지옥"이 아니라 '로봇은 지옥'이라는 말이 목구멍까지 올라옵니다.

잡스의 스마트폰이 나오기 전에 모두들 '그게 가능하겠어?' 하며 의문을 품었던 게 사실이 되었어요. 세상이 내 손바닥 안에 있을 줄을 누가 알았습니까. 그 후 스마트폰의 노예가 되었지요. 말하고 일하는 로봇이 내 일상을 지배할 것이라는 추측도 실체가 되어 내 앞에 성큼 나타날 거예요. 내 '상상 실험'이 조금 과하다는 생각도 들지만 그렇다고 전부 다 허황되지만은 않을 것이라는 예감이 들어요. 스마트폰처럼 편리해도 단점이 많을 것이라 생각하니 기분이 꼭 좋지만은 않습니다. 치러야 할 대가도 있을 테니까요. '로봇과 춤을' 꿈꾸었다가 로봇에게 밀리고 밟히게 되었으니 말입니다.

프로방스의 태양이 필요해

장금식 수필집

2017년 09월 01일 1판 1쇄 발행

지 은 이 장 금 식
발 행 인 정 연 순
펴 낸 곳 나 무 향
주　　소 (03634) 서울 서대문구 통일로26길 31,110호(인왕산파크빌)
출판등록 제5100-2015-000074
전　　화 070-4221-2152, 010-2337-2815
이 메 일 namuhyang2815@daum.net
f a x 031-675-3739
저작권자 ©2017 장 금 식
I S B N 979-11-957767-6-4 03810
값 13,000원

이 도서의 국립중앙도서관 출판예정도서목록(CIP)은 서지정보유통지원시스템 홈페이지(http://seoji.nl.go.kr)와 국가자료공동목록시스템(http://www.nl.go.kr/kolisnet)에서 이용하실 수 있습니다.
(CIP제어번호: CIP2017019563)